興業證券研究所
經濟學大師
負利率時代作者

劉華峰 著

Currency Anchor

鈔票的真實價值
我們與億的距離
以貨幣儲備定錨

有一種「交通工具」我們通常稱之為交易工具，
這種交易工具就是貨幣。
每次用貨幣進行商品交易，就像是一艘艘貨幣船在運載商品。
當經濟危機與金融風暴肆虐時，
倘若這些貨幣船不能在錨的作用下穩定，
會不會給我們的經濟和生活帶來災難？

我們與億的距離
鈔票的真實價值,以貨幣儲備定錨

目錄

前言：更好的生活　7

Chapter 1
危險的拋錨

　　無錨時代　　　　　　　　　　　　　　18
　　金色誘惑　　　　　　　　　　　　　　20
　　越鑄越小的金幣　　　　　　　　　　　22
　　脫錨的船　　　　　　　　　　　　　　25
　　錨的進化史　　　　　　　　　　　　　28

Chapter 2
黃金儲備

　　浩蕩的啓航　　　　　　　　　　　　　34
　　至高無上的黃金　　　　　　　　　　　38

我們與億的距離
鈔票的真實價值，以貨幣儲備定錨

黃金大布局	42
白銀保衛戰	44
美元的崛起	47
世紀大違約	52
炮火中倒塌的黃金本位	55
黯然退場的黃金	58

Chapter 3
貨幣供給量

未知的命運	64
應時而生	66
錨地的邊界	70
船隊的擴張	74
失控的錨地	77
失靈的舵	88
極端試驗	95
「災」後重建	102
航程中的誘惑	107
有些許委屈的離席	113

Chapter 4
通貨膨脹目標制

錨的改進	122
風浪前的平靜	125
量化寬鬆後重啓升息的聯準會	132
挑戰利率下限的歐元區	138
降息走不出通貨緊縮陰影的日本	148
無度的資產購買計劃	164
升息走不出通貨膨脹困境的俄羅斯	167
不變的舵	192
南轅北轍	199
撥開迷霧	202
真相大白	206
搖擺不定的錨	210

Chapter 5
利率錨定

疑霧重重的船票	220
合理的票價	223
可控的錨	226
錨的穩定性	230

我們與億的距離
鈔票的真實價值，以貨幣儲備定錨

走出困境	236
順利出航	239
利率上限與下限	244
神奇的數字	247
終極幻想	256

前言：更好的生活

我們生活在一個體積約為一萬億立方公里、表面積約為五億平方公里的星球上。經濟的發展將越來越多的耕地、建設用地、森林資源、礦產資源、水資源等自然資源利用起來，大量閒置自然資源被投入使用，帶來了農業、建築業、採掘業的快速發展以及相關製造業、商業等的蓬勃發展。

然而，這個星球並沒有取之不盡、用之不竭的資源。隨著閒置的自然資源越來越少，能投入使用的自然資源增速日益放緩，全球經濟的發展進入了新的瓶頸，經濟發展減緩，資本獲得高額利潤越來越困難。

若要在現有資源條件下獲得新的增長，以制度創新與技術創新提高經濟效率是唯一的出路，而制度又制約著技術的發展。貨幣制度作為一項重要的經濟制度，涉及生產、生活的方方面面，貨幣制度的每一次重大改善都能對經濟的發展起到巨大的促進作用，使人們的生活水準顯著提高。同理，貨幣制度的每一次不當執行，都會對經濟造成毀滅性的打擊，使有限的資源

我們與億的距離
鈔票的真實價值，以貨幣儲備定錨

遭遇無可挽回的毀損。

　　一直以來，人們都認為貨幣是個非常複雜的事物，這或許是因為金錢強大的魔力迷惑了人們，使得人們難以在金錢面前保持足夠的理智與清醒。貨幣正常、高效的運行是保證商品交易與企業經營、融資、投資等活動正常、高效運行的前提。當人們不清楚貨幣怎樣作用於經濟，對貨幣供給與利率、通貨膨脹以及經濟增長等經濟指標之間的相互關係認識不清時，對很多經濟與金融現象就無法找出其背後的真正原因，因而形成不當的貨幣政策操作和投資操作。貨幣發行部門常常以物價穩定、充分就業、經濟增長等美好願望為目標，卻又常常為實現這些目標而發生過度的濫發與緊縮，製造了更大的價格波動，導致了就業環境的惡化，制約了經濟的增長。

　　對於貨幣怎樣發揮作用並影響其他經濟變量，貨幣史上有著無數的猜測。過去，人們對於貨幣的研究常常停留在貨幣本身，脫離實體經濟，孤立地就貨幣論貨幣，導致對貨幣的理解與操作違背了實體經濟規律。本書用實體經濟運行的邏輯來分析貨幣，將貨幣最本質和最真實的一面呈現出來，使更多人真正瞭解貨幣從而更好地使用貨幣，讓貨幣為改善人們的經濟和生活做出更大的貢獻。

　　對於貨幣的投資與使用者而言，只有真正瞭解了貨幣才能知

道中央銀行的貨幣操作將對自己手中持有的貨幣產生怎樣的影響，如何投資與使用才能讓自己手中的貨幣更好地保值、增值。

　　貨幣的邏輯對任何領域的投資邏輯都至關重要，我在《負利率時代：別讓銀行偷走你的錢》一書提道：「對貨幣貶值的恐慌情緒，也加大了黃金價格的漲幅……黃金價格非理性的大漲結束後必然調整，而白銀的市場表現則與黃金類似。」在「負利率目標制」理論提出以前，經濟與金融界廣泛認為降息會導致貨幣寬鬆從而提高通貨膨脹率，因而在零利率與負利率環境下應大量購買貴金屬以避免貨幣貶值。而「負利率目標制」理論認為，降息會降低商品生產過程中所需的資金成本從而有利於降低通貨膨脹率，因此，貴金屬價格的上漲有很大的非理性因素。事實與「負利率目標制」理論得出的投資判斷一致。2017年4月以後，以美元計價的倫敦現貨黃金與白銀價格相對於美國道瓊斯工業指數的超額收益大幅下行。至筆者完成本書時，道瓊斯工業指數已大幅上漲到遠高於2017年4月的水準，而白銀價格尚低於2017年4月的水準。從前述舉例我們可以看到貨幣邏輯是如何清晰地指導投資邏輯的。本書將繼續深入進行貨幣研究，讓讀者更好地掌握貨幣的邏輯，從而更好地運用貨幣改善生活，避免非理性投資造成自身的資金損失以及社會的資源配置的損失。

我們與億的距離
鈔票的真實價值，以貨幣儲備定錨

對於貨幣的發行與管理者而言，只有真正瞭解了貨幣才能知道貨幣是如何影響經濟的，才能知道如何使貨幣的發行與管理過程最有利於經濟的發展。為了保證貨幣在經濟中平穩良好地發揮作用，經濟學家與貨幣工作者從未停止過探索。貨幣制度的發展完善過程對經濟的發展做出了巨大的貢獻。我們很難想像，倘若沒有貨幣，回到物物交換的年代，我們的經濟效率將會受到怎樣嚴重的影響。然而，貨幣制度依然處於不斷改進與探索之中，在執行過程中常常會造成不必要的實體經濟損失與金融市場動盪。

廉價的紙幣可以輕而易舉地大量加印，於是自從紙幣誕生以來，如何控制好貨幣的發行量成為始終困擾各國中央銀行的問題。儘管在歷史上，加印貨幣的權力被統治階級濫用的情況並不少見，比如通過加印貨幣來滿足統治階級奢華的生活支出、支付戰爭經費等，然而，進入 21 世紀的今天，貨幣的發行越來越透明，其公平公正性得到更多人的重視，人們最希望的是以合理、科學的貨幣發行與管理服務於實體經濟，從而使實體經濟得到更好的發展。

要控制貨幣的發行與管理，就需要為其確定一個參考標準，這個參考標準就是貨幣儲備。貨幣儲備的作用與穩定船隻的錨類似，可以使貨幣在經濟中發揮作用時過程平穩而不急遽波動。

然而，這個參考標準的制定和執行卻並不容易，如果缺乏對貨幣運行邏輯的正確理解，貨幣儲備的制定和執行不僅不能穩定貨幣的運行，反而可能造成貨幣運行過程中的混亂。在貨幣發展的歷史長河中，全球各國先後嘗試了「黃金儲備」、「貨幣供給量」，以及 21 世紀的今天人們認為最先進的、使用最廣泛的「通貨膨脹目標制」。「黃金儲備」、「貨幣供給量」因為其自身的缺陷而先後被人們放棄，「通貨膨脹目標制」依然活躍於世界貨幣政策的舞台。然而，2008 年全球金融危機爆發後，眾多國家為實現通貨膨脹目標而實施的一系列違背實體經濟規律的貨幣政策操作，以及無法達成的通貨膨脹目標，已足以讓我們看到「通貨膨脹目標制」的岌岌可危。

受貨幣政策影響的三個重要變量——貨幣總量、物價與利率中，「貨幣供給量」認為貨幣總量的增長要穩定，「通貨膨脹目標制」認為物價要穩定，因而，全球各國的中央銀行在以往的貨幣政策執行過程中常常人為地大幅調高或調低利率以達到穩定貨幣總量或穩定物價的目的，劇烈的利率波動造成了實體經濟融資與金融市場投資等的動盪與混亂。本書完整回顧了「黃金儲備」、「貨幣供給量」、「通貨膨脹目標制」的實施過程，清晰呈現了上述貨幣儲備在實施過程中存在的問題，讓人們充分認識到利率穩定與適應貨幣需求的貨幣供給對於實體經濟平

我們與億的距離
鈔票的真實價值，以貨幣儲備定錨

穩高效運行的重要性，並進一步提出新的貨幣儲備——利率錨定，以穩定的利率環境更好地服務於實體經濟的發展。

從實體經濟運行的角度看，貨幣是一種被廣泛使用的交易工具，如同我們生活中使用的任意一件工具一樣，有製造、運輸、保管等一系列成本。然而，由於長期以來人們都沒有習慣於從實體經濟的視角來觀察貨幣的運行，所以貨幣的運行成本從來就不是制定貨幣政策的依據，中央銀行始終在尋找卻一直未找到合適的貨幣儲備來穩定貨幣的運行。本書引入新的貨幣儲備——利率錨定。利率錨定以貨幣運行成本為依據制定，在合理、穩定的利率環境下使貨幣供給被動適應貨幣需求，避免貨幣政策主動調控經濟時造成實體經濟資金成本的異常波動及形成不平等的財富再分配，從而使貨幣以平穩高效的運行服務於經濟的發展，減少經濟危機帶來的實體經濟損失與就業困境，讓有限的資源發揮最大的價值，讓我們的生活變得更好。

本書以實體經濟運行的邏輯解讀貨幣，帶領讀者重溫紙幣誕生以來貨幣政策的執行歷史及經濟數據的變化，使讀者能清晰地看到貨幣影響經濟運行的整個過程以及背後的原因與邏輯，從而做出正確的經濟判斷與金融決策。本書不僅適用於貨幣經濟學家、中央銀行家與其他貨幣政策的研究制定及執行者，同樣適用於企業融資者、金融市場投資者、經濟學的學者與學生、

關心世界貨幣政策發展的所有朋友以及關注自身財富保值和增值的人們。希望更多有識之士關注利率錨定,共同推動全球經濟與世界貨幣政策的發展。

我們與億的距離
鈔票的真實價值,以貨幣儲備定錨

Chapter 1
危險的拋錨

我們與億的距離
鈔票的真實價值，以貨幣儲備定錨

　　一艘滿載遊客的豪華遊輪，航行在大西洋海面上。

　　甲板上，一對情侶正激情擁吻。

　　夜晚的星光讓女人的肌膚看起來更加白皙，讓男人的輪廓看起來更加鮮明。

　　突然，一陣狂風掀起巨大的海浪，險些把他們掀進海裡。

　　遊輪迅速掉轉船頭朝燈塔方向駛去，抵達錨地時，船長下令拋錨。

　　不幸的是，錨機煞車失靈，錨鏈在急速下落的過程中斷裂，和錨一起沉入海底。

　　觸礁的遊輪船體被嚴重損壞，海水湧進船艙，遊客們來不及掙扎就被海水淹沒。

　　驚恐的情侶緊緊抱在一起，祈禱來生還能相見……

　　人們會使用輪船、汽車、飛機等交通工具遠行或運載貨物。然而，有一種「交通工具」我們通常稱之為交易工具，這種交易工具就是貨幣。

　　每次用貨幣進行商品交易，就像是一艘艘貨幣船在運載商品。當經濟危機與金融風暴肆虐時，倘若這些貨幣船不能在錨的作用下穩定，會不會給我們的經濟和生活帶來災難？

Chapter 1 危險的拋錨

拋錨

　　拋錨斷鏈是比較常見的海上事故之一,是許多船舶擱淺和發生碰撞事故的根本原因。如同船舶拋錨的風險,沒有良好的貨幣儲備穩定貨幣環境,也會造成原本可以避免的經濟風險。

我們與億的距離
鈔票的真實價值,以貨幣儲備定錨

無錨時代

　　錨是船隻停泊時用來固定自身方位的工具,將船隻上用鏈子拴著的這個巨大的金屬爪形物丟入海中合適的錨地,就能讓船隻不再任意漂泊,這對於船隻的安全有著非常重要的作用。貨幣儲備是個經濟學的概念,是貨幣發行的參照基準,中央銀行可根據貨幣儲備來判斷貨幣政策是否合理。貨幣儲備的存在,是為了讓貨幣平穩運行並服務於經濟,而不是給經濟帶來動盪與混亂。良好的貨幣儲備,是經濟穩定發展的重要前提之一。

　　在經濟不夠發達、社會不夠開放的時期,主要依靠人力與動物等作為日常的交通工具,人們在小村落間翻山越嶺,還不曾征服海洋,沒有連通各大陸板塊的船,沒有錨。那時還沒有貨幣來專門承擔起交易媒介的功能,因此也不存在所謂貨幣儲備,交易在日常生活的必需品之間直接進行,比如用牛換羊、用羊換鹽或者用牛換鹽、用羊換糧食等,這些用來交易的東西本身都有明確的實用價值,隨時都能在我們的生活中派上用場。

　　不過,原始的以物易物到底還是有諸多不便,如果你有一頭羊又很想吃牛肉,一頭羊只夠換十分之一頭牛,而持有牛的人只想要兔子,這就會很麻煩。為了交換的方便,用以充當交換

Chapter 1 危險的拋錨
無錨時代

媒介的東西越來越不實用，但更易被標準化和保存，比如貝殼、羽毛、寶石、黃金、白銀等。再到後來，用於充當交換媒介的東西幾乎已沒有任何實用價值，比如我們現在常用的紙幣。

紙幣作為一種專門的商品交易工具被使用，就像一艘艘承載商品的貨幣船，可以輕鬆地跨越海洋，將更大的世界連通起來，商品交易因此變得更頻繁，品種也更豐富。然而，貨幣船承載的貨物越多，傾覆時帶來的損失也越大。巨浪翻滾的海洋裡，船隻隨時都有傾覆的危險，需要錨來起到穩定船隻的作用。當金融海嘯洶湧而至，用良好的貨幣儲備來穩住貨幣船至關重要；否則，我們的經濟、生活都可能受到毀滅性的打擊。

我們與億的距離
鈔票的真實價值，以貨幣儲備定錨

金色誘惑

　　回到物物交換的時代，隨著商品交換更為頻繁與廣泛，為提高交換效率，交換媒介的標準化和易於保存成了一個重要的問題。金屬易分割與可反覆鑄造的特徵使其作為貨幣具有天然的優勢，黃金、白銀、銅、鐵等金屬都曾經扮演了重要的貨幣角色，而黃金在世界貨幣歷史中的地位尤其不容忽視，直至今日，依然有眾多國家的中央銀行將黃金作為貴重的儲備資產存放在戒備森嚴的庫房裡嚴加保管。儘管這些黃金終年不見陽光，人們幾乎沒有機會見到它們，但它們卻占據了人們心中很重要的地位。在民間，黃金依然受到所有人的鍾愛，黃金首飾與黃金投資依然非常普遍。

　　黃金那璀璨的光輝與永不磨滅的顏色讓人們無比神往。早在西元前幾千年，黃金就作為權貴的象徵受到膜拜，君王們用黃金將自己的生活裝點得富麗堂皇、莊嚴肅穆，黃金早已成為財富與權力的象徵。人類對黃金的追捧使其作為貨幣受到前所未有的廣泛歡迎。在人類歷史上的很長一段時期，黃金商品或黃金鑄幣有著不可替代的貨幣地位。

　　自然界中的礦產資源早在人類誕生以前就已經形成了，人類

Chapter 1 危險的拋錨
金色誘惑

儘管可以對其開採、加工，但無法決定某種天然金屬元素在自然界中存在的數量，金元素也不例外。在原始社會，人們的生產生活依賴於最原始的自然資源，資源利用率和加工程度不高。隨著經濟的發展和技術的進步，人們為加工產品而付出的勞動量上升，產品和服務中原材料成本占比降低，人工和技術成本提高，其結果是，資源得到更多的利用，社會產品日益豐富。黃金作為一種非常有限的自然資源和原材料，隨著社會產品的豐富，黃金與產品的對比關係是單位黃金對應的產品增加，或者說單位產品對應的黃金減少。所以，若要以黃金作為貨幣來進行商品交換，單位商品換得的黃金就會越來越少，也就是說，黃金越來越「貴」。

我們與億的距離
鈔票的真實價值，以貨幣儲備定錨

越鑄越小的金幣

　　當用來交換的東西不特定於某個單一的品種時，每種東西的供應量多少對交換的影響並不大，隨時能使用另外一種商品作為替代來參與商品交換。正如我們之前所述，人們可以用牛換羊、用布換鹽、用糧食換牛等；但當作為交換媒介的東西品種單一乃至固定時，這種交換媒介的供應量就成了一個很重要的問題。

　　如果這種交換媒介的供應量不足，將會使得交換過程非常不方便，人們就願意以更高的付出來持有它，或者因為捨不得將其出手而使供給變得更加不足，這種稀有與受人追捧的特徵會使它的價格相對於被交換的物品的價格上升；供應量嚴重不足，必然給交換帶來很大的不方便，從而降低經濟效率，其充當交換媒介的地位必然受到挑戰，人們會放棄這種交換工具轉而尋求其他的交換工具；倘若這種物品不再充當交換媒介，其價格將向其自身的價值迴歸。反之，如果這種交換媒介的供應量過剩，將會使得它的價格相對於被交換的物品的價格下降，人們寧願持有其他物品而不願持有它。

　　當黃金作為近乎唯一的貨幣參與商品交換時，受制於黃金這

Chapter 1 危險的拋錨
越鑄越小的金幣

種自然資源的稀有，供應量受到了嚴重的限制，隨著經濟的發展，有限的黃金資源日益滿足不了越來越豐富的社會產品交易帶來的貨幣需求的增長，其價格的上升也就是必然的了，其貨幣地位最終也必然受到挑戰。

早在古埃及就已使用黃金來進行商品交換，不過那時黃金是以重量為單位來參與商品交換的，而黃金鑄幣的發展，使得黃金以標註的面值而不是重量來進行交易。據古希臘歷史學家希羅多德記載，最先鑄造使用金幣的民族是西元前 7 世紀的呂底亞人。呂底亞盛產黃金，並且貿易發達，這為金幣的流通使用創造了重要的條件。

雖然黃金本身的貴重使得人們依然重視黃金的重量，但當黃金鑄幣以面值作為最終的衡量單位時，黃金在黃金鑄幣中充當的重要作用只是製作貨幣的材料。不過，由於黃金自身又是一種非常貴重的商品，當黃金作為金屬商品的價值超過黃金作為貨幣的價值時，人們更願意將黃金鑄幣作為一種金屬材料來使用而不是一種貨幣來使用，這會導致黃金鑄幣的嚴重缺乏以及黃金鑄幣材料的成本上升。為了解決前一個問題，即黃金鑄幣的嚴重缺乏問題，在歷史上很多個時期，統治階級都曾下令限制民眾持有黃金，要求他們將黃金與黃金製品上繳國家或按指定價格出售給國家；為了解決後一個問題，即黃金鑄幣材料成

我們與億的距離
鈔票的真實價值，以貨幣儲備定錨

本上升的問題，在歷史上很多個朝代，都採用了降低單位面值黃金鑄幣所含黃金重量的措施，即實施貨幣貶值。

當黃金不再以重量作為計價標準而以金幣標註的面值作為計價標準時，黃金的貨幣功能已經超過了它的商品功能，黃金自身價值的重要性下降了。也正因為如此，貨幣作為體現統治階級權力意志的一種手段，很難再用「公平」兩個字來約束。擁有隨心所欲印製貨幣的權力，並且能輕而易舉地購買到想要的任何貨物，盡情地揮霍它們，這種權力的確容易讓人迷失，貨幣貶值可以為他們的奢華生活提供源源不斷的貨幣供應。早在古羅馬的尼祿、加里恩努斯等統治時期就進行了大規模的貨幣貶值行動，他們在不改變鑄幣面值的情況下，減少鑄幣的含金量，也就是說，同等重量的黃金可以鑄造出更大面值總額的貨幣，同等面值的鑄幣越鑄越小。

Chapter 1 危險的拋錨
脫錨的船

脫錨的船

　　戰爭、災難、統治階級的揮霍都是貨幣貶值重要的催化劑，但貨幣的貶值並不能完全歸咎於此，即使貨幣公平公正地發揮作用，貶值也是必然的。隨著經濟的發展，由於產品加工程度加深，施加在原材料上的勞動量大幅上升，當我們用貨幣來交換產品時，我們付出的貨幣已不僅僅用於支付原材料的價格，更大部分是用來支付勞動的價格。簡而言之，需要更多貨幣來完成日益豐富的產品的交換，貨幣的需求因此上升了，有限的黃金資源滿足不了貨幣需求上升的需要，當然只能以提高面值或降低含金量的方式，用有限的黃金資源鑄造出更大面值總額的貨幣。

　　當貨幣供給滿足不了貨幣需求時，商品交換的效率會大大降低，這顯然會阻礙實體經濟的發展，在黃金鑄幣不能滿足交易的需要時，一度有白銀鑄幣來作為補充。在西元 10 世紀到 13 世紀的中國宋朝，也有銅鑄幣不能滿足交易的需要而以鐵鑄幣來作為補充的情況。不過，結局可想而知，黃金、白銀、銅、鐵等金屬最終也都失去了貨幣地位。任何商品之間的比價都必然會受供求影響而發生變動。將貴重稀有的金屬商品作為貨幣

我們與億的距離
鈔票的真實價值，以貨幣儲備定錨

大量用於商品交換，將導致這種商品與其他商品之間的比價嚴重脫離正常的比價關係，因為這種金屬被大量作為交換物滯留而限制了其用於正常的產品生產時的供給。直至今天，黃金依然被大量滯留在各國中央銀行的金庫裡，我們可以想像一下，如果全球各國中央銀行決定不再持有黃金了，要將金庫裡大量的金條對外拋售，黃金也許就不像現在這麼貴重了。金屬如果不作為一種商品，而僅僅是作為一種鑄造貨幣用的材料，那麼，相對於輕巧廉價的紙幣和同樣輕巧但較紙幣更耐用的塑膠貨幣等，用金屬作為鑄造貨幣的材料是非常不經濟與不便利的。

隨著人們交易的日益頻繁，沉甸甸的金屬給交易帶來了很大的不便，而紙幣由於輕便和製造成本低廉，使得其作為貨幣廣泛流通有很大的優勢。早在中國宋朝就發明了最早的紙幣——交子。相對於沉甸甸的銅錢和鐵錢，交子的輕巧為大宗貨物的交易帶來了很大的便利。紙幣除了充當貨幣以外沒有任何實際的使用價值，人們之所以願意持有紙幣，是因為紙幣隨時可購買到想要的商品。宋朝的交子，最初是依靠其隨時可兌現的信用才廣泛流通。然而，統治階級利用手中的權力無限制地發行貨幣供軍費等巨額財政開支，使得交子嚴重貶值，逐漸喪失了信用而淪為廢紙。

用來製造紙幣的自然資源非常豐富，廉價的紙幣可以無限加

Chapter 1 危險的拋錨
脫錨的船

印,如果沒有合理的方式來限制紙幣的供給,必然會擾亂人們的正常生產與生活,損害社會的公平與公正。因此,正如穩定船的錨,人們需要用貨幣儲備來穩定貨幣的運行。良好的貨幣儲備既要限制紙幣的過量或不當發行,同時又要保證它能滿足人們交易的需要。倘若貨幣儲備不能很好地穩定貨幣的運行,那麼脫錨的貨幣就會像那艘拋錨的遊輪一樣,在風浪中肆意飄蕩,隨時可能發生災難。然而,如何打造有效的貨幣儲備來穩定貨幣的運行呢?

我們與億的距離
鈔票的真實價值，以貨幣儲備定錨

錨的進化史

　　當一種物品被普遍用來充當其他物品的交換媒介時，我們可以稱這種物品為貨幣。如果這種貨幣本身是商品，因為自然資源的稀缺而變得非常有限時，這種商品自身的稀缺已經限制了貨幣的數量。然而，廉價的紙幣，除去貨幣功能幾乎沒有任何價值，我們稱之為信用貨幣；紙幣的廉價，使得中央銀行有能力對其進行大量的加印，紙幣的供給是否合理，貨幣儲備成了重要的判斷標準。

　　為了尋找可靠的貨幣儲備讓貨幣船平穩運行，全球經濟學家與貨幣工作者努力拚搏了好幾個世紀，黃金、貨幣總量、通貨膨脹曾先後作為重要的貨幣儲備。

　　所謂黃金儲備就是對單位面值貨幣指定對應的黃金重量，每發行同等面值的新貨幣都必須以同等重量的黃金儲備作為前提，單位面值貨幣可兌換為對應的黃金重量。

　　所謂貨幣供給量就是控制貨幣總量使其穩定在一定增速。假定設定貨幣總量增速為每年 5%，那麼，當貨幣總量增速高於 5% 時，中央銀行就應控制貨幣供給使其增速下降；當貨幣總量增速低於 5% 時，中央銀行就應想辦法增加貨幣供給，直到 5%

Chapter 1 危險的拋錨
錨的進化史

的貨幣總量增速目標達成。

所謂通貨膨脹目標制就是控制物價使其穩定在一定增速。假定設定通貨膨脹率為每年2%，那麼，當通貨膨脹率高於2%時，中央銀行應實施貨幣政策操作，使通貨膨脹率下降；當通貨膨脹率低於2%時，中央銀行應實施貨幣政策操作，使通貨膨脹率上升，直到2%的通貨膨脹率目標達成。

我們不妨想像一下，無數的貨幣船，運載著貨物，行駛在海面上。黃金儲備試圖給每艘貨幣船配備一副黃金打造的錨，黃金的重量與貨幣船的大小成比例；貨幣供給量試圖在海洋裡圈定一塊錨地，使進入這塊錨地的貨幣船數量以穩定的速度變化，通常要求以穩定的低速度增長；通貨膨脹目標制試圖控制每艘貨幣船運載的一大堆商品的數量以穩定的速度變化，通常要求以穩定的低速度下降。

回顧貨幣儲備的實施歷史，不同的貨幣儲備是如何登上世界貨幣政策的大舞台的呢？變幻的錨又究竟有著怎樣的原因？它們成功保證貨幣船的平穩運行了嗎？

我們與億的距離
鈔票的真實價值，以貨幣儲備定錨

Chapter 2
黃金儲備

我們與億的距離
鈔票的真實價值，以貨幣儲備定錨

　　許多年過去，那艘下沉的遊輪裡，曾經鮮活的生命已變成了一堆白骨，然而，依然沒有人來這裡尋找他們，這些消失的生命仿佛早已被世人遺忘了。一天，一群海盜為躲避風浪也順著燈塔的方向來到了這裡，他們憑著敏銳的嗅覺發現了這條沉入海底的豪華遊輪。海盜們輕鬆地潛入海底，惋惜地看了一眼緊緊依偎在一起的情侶的白骨，從船艙裡打撈出一箱箱的寶藏，那是金光閃閃的黃金。

　　黃金那奪目的光彩讓無數人前扑後繼、趨之若鶩，黃金早就成了財富的代名詞。在動盪的社會裡，手裡的紙幣隨時都有可能一文不值，而以黃金作為擔保，承諾一定面值的紙幣隨時可以兌換一定重量的黃金，這就大大推動了紙幣被廣泛接受。

　　紙幣與黃金的可兌換關係就是黃金儲備，如果你把貨幣想像成承載商品的船，黃金儲備的實施就是必須給每艘投入運行的貨幣船配備一副黃金打造的錨，貨幣船的大小與黃金儲備的重量成正比。隨著經濟的發展，人們生產出越來越多的產品，這些產品都需要貨幣船來承載，與此相適應，貨幣船越來越多。然而，面對越來越多的貨幣船，給每艘貨幣船配備黃金儲備的想法還能實現嗎？直到 21 世紀的今天，黃金本位的呼聲依然存在，黃金儲備還會捲土重來嗎？

Chapter 2 黃金儲備
錨的進化史

黃金儲備

黃金儲備是歷史上使用過的貨幣儲備之一。黃金儲備的設計思路是,每單位的貨幣價值等同於若干重量的黃金,中央銀行增加貨幣發行就要相應增加持有的黃金儲備的重量,以稀有貴重的黃金來限制貨幣任意發行及為成本低廉的紙質貨幣提供信用擔保,以此來保證貨幣環境的穩定。如果把貨幣類比為船,黃金儲備就像是給每艘船配備一副用黃金打造的錨,每增加一條船就要增加一副用黃金打造的錨,以黃金的稀有來限制船隻的數量以保證船隻供給合理。

我們與億的距離
鈔票的真實價值，以貨幣儲備定錨

浩蕩的啟航

　　黃金儲備，就像是給每艘貨幣船配備一副用黃金打造的錨，以稀有貴重的黃金來限制貨幣任意發行及為成本低廉的紙質貨幣提供信用擔保。貨幣船的規模與黃金的重量成比例關係，也就是說，中央銀行要擴大貨幣船隊，就要相應增加持有的黃金儲備的重量。

　　說到黃金儲備，不得不說黃金儲備的重要發源地英格蘭銀行。直至今天，如果你打開英格蘭銀行的網站，瀏覽黃金相關的頁面，你可以看到醒目的文字寫著——「英格蘭銀行擁有世界上最大的金庫之一，是世界上僅次於紐約聯邦儲備銀行的第二大黃金保管者，金庫裡有超過 40 萬根的金條」。

　　英格蘭銀行是英國的中央銀行，成立於 1694 年 7 月 27 日，最初是一家充當政府銀行的私人銀行，它的成立主要是為了資助英國對法國的戰爭，當時的威廉國王和瑪麗王后是最初的兩位股東。英格蘭銀行早年的任務主要是滿足政府對資金的迫切需求以及新貨幣的發行，也開設了傳統的銀行業務，接受公眾的存款。1734 年，英格蘭銀行搬到了今天它所在的位於倫敦城中心的地址——針線街。

Chapter 2 黃金儲備
浩蕩的啓航

英格蘭銀行成立前,英國的法定貨幣是黃金鑄幣和白銀鑄幣。由於黃金和白銀本身是一種商品,不同國家黃金與白銀的供需不同,這就導致了在某些時期黃金鑄幣與白銀鑄幣作為商品比作為貨幣具有更高的價值,因而造成黃金與白銀的窖藏與外流。同時,黃金與白銀之間作為商品的比價與作為貨幣的比價不同,也存在套利空間。直到1717年金幣才確立了其至高無上的地位,使銀幣徹底退出流通領域。

1725年,英格蘭銀行開始發行20英鎊以上的部分印刷鈔票,增量為10英鎊,最高面額是90英鎊。紙幣與金幣都是按面值參與商品交換,儘管製作成本差異很大,但它們之間是允許自由兌換的。而1725年前,紙幣是手寫的,通常是客戶存入的特定金額。

1797年,法國向英國宣戰,一支小型法國部隊登陸英國大陸,被入侵的恐懼迅速蔓延。在此期間,英國民眾蜂擁到英格蘭銀行,將他們持有的紙幣兌換成黃金,這在當時是允許的。擠兌風潮使得英格蘭銀行的黃金快速流失,銀行持有的黃金數量從1,600萬英鎊迅速降至200萬英鎊。為了保護幾乎耗盡的黃金儲備,英國年輕的首相威廉·皮特(William Pitt)向英格蘭銀行下達樞密院令,命令其停止黃金對紙幣的兌付。

1797年2月25日週六,英格蘭銀行就是否該拒絕紙幣

我們與億的距離
鈔票的真實價值，以貨幣儲備定錨

兌換黃金的問題召開緊急會議，並決議中止紙幣與黃金的兌換。1797 年 3 月 9 日，英國議會頒布了《限制兌換法案》（Restriction Bill），英格蘭銀行暫時取消了將紙幣兌換成等值黃金的義務，這一兌換限制從 1797 年一直延續到了 1821 年。事實上，為每艘貨幣船配備黃金儲備的規定並沒有得到嚴格執行，紙幣的超發帶來了黃金的相對短缺。

1797 年 5 月 22 日，詹姆斯·吉爾雷（James Gillray）發表了一幅題為《政治誘惑還是針線街的老婦人處於危險之中》的漫畫，畫中，一名老婦人坐在寫著英格蘭銀行的黃色箱子上，一位年輕的紳士一手摟著她的腰準備親吻她，一手伸向她口袋裡的金幣。這幅著名的漫畫象徵著年輕的威廉·皮特（William Pitt）為了資助即將到來的與法國的戰爭，試圖從代表英格蘭銀行的一位老太太身上「討要」黃金。從這一天起，英格蘭銀行就被戲稱為「針線街的老婦人」。

1816 年，英國通過了《黃金本位制度法案》，單位面值紙幣等同若干重量黃金得到法律上的承認和保護。1821 年，物價回到了 1797 年的水準，這使得討論了多年的恢復英格蘭銀行券與黃金自由兌換的想法得以順利實施。

小舟、小筏不敢去大海中航行，即使在小河、小溪裡，也有傾覆的危險，不過，小船承載的貨物少，傾覆帶來的損失也就

Chapter 2 黃金儲備
浩蕩的啓航

沒有那麼大。物物交換的時代，很難有一種商品充當廣泛的交換媒介參與交易，貨幣對經濟的影響也就要小得多。黃金是廣泛受人歡迎的商品，黃金鑄幣也曾在世界貨幣史上發揮著重要的作用。而黃金的昂貴與稀少以及重量，使得其在參與交換中有諸多不便，因而早就有使用紙幣來進行商品交換的歷史，但紙幣的公信力依然存在嚴重不足，尤其在動盪的社會環境裡，人們手裡持有的紙幣隨時可能分文不值。黃金本位制將英國貨幣的價值直接與黃金掛勾，在歷史上的較長時期保證了人們能夠將英格蘭銀行發行的紙幣兌換成等值的黃金。單位面值紙幣可以自由兌換一定重量黃金的這一承諾使英鎊得到了更為廣泛的認可，在此後很長一段時期，英鎊成了全球最重要的國際支付手段和儲備貨幣。不過，浩蕩的貨幣大船隊伍一旦啓航，承載的貨物遠非小舟、小筏可以比擬，一旦傾覆，必然帶來更為嚴重的災難。

我們與億的距離
鈔票的真實價值，以貨幣儲備定錨

至高無上的黃金

　　1914—1918 年第一次世界大戰時期，英格蘭銀行在幫助政府籌措戰爭資金方面發揮了重要作用，比如 1914 年發行的戰爭股票，雖然據報導這些戰爭股票被超額認購，但公眾實際上並沒有購買足夠的戰爭股票來資助這項工作。英格蘭銀行用自己的儲備購買了大量股票，並隱瞞了這一事實，以保持公眾信心。受第一次世界大戰規模巨大的融資需求影響，英國因紙幣激增等被迫中止了英鎊紙幣與黃金的兌換。1920 年代，英國決定重新使用一戰前的鑄幣支付平價，人為的緊縮造成了經濟的停滯和大量的失業。1931 年 9 月，英國不得不暫停了金本位制。

　　大船的傾覆不同於小舟、小筏，必然激起千層浪。1931 年 10 月，紐約儲備銀行大幅提高了貼現率，10 月 9 日提高到了 2.5%，10 月 16 日又進一步提高到了 3.5%。此時正處於美國 1929 至 1933 年的大蕭條期間，人為大幅調整利率造成了實體經濟的混亂，也加劇了國內的金融困境，使大蕭條來得更為猛烈，存款規模大幅下降，銀行倒閉和擠兌出現了大規模的增長，僅僅在 10 月份就有 522 家商業銀行倒閉。

　　貼現率的提升主要是為了應對上個月英國暫停黃金本位製造

Chapter 2 黃金儲備
至高無上的黃金

成的美國黃金外流。英國暫停了黃金本位制後,法國、比利時、瑞士等一些國家預期美國也會採取類似的行動,這些國家的中央銀行和私人持有者將他們在紐約貨幣市場的大量美元資產兌換成黃金,導致了美國的黃金大量流失。面對這種情況,美國試圖提升利率來應對英國暫停黃金本位製造成的美國黃金外流,以保住高額的黃金儲備。儘管在英國暫停黃金本位制以前,美國的黃金儲備達到了歷史最高水準,超過了 47 億美元,約占世界貨幣黃金儲備總量的 40%,美國還是對黃金的流失做出了激烈的反應。

黃金本位制一旦取消,紙幣失去了可以隨時兌換黃金的信用擔保,恐慌的人們必然放棄廉價的紙幣而換取貴重的黃金,黃金的價格必然大幅上升,黃金的流失自然是無法容忍的。然而,升息並非很好的應對方式,採取提高貼現率的方式間接防止黃金流失的效果並不理想。不當的升息本身會對實體經濟造成不良影響,實體經濟的危機又會危及本國貨幣的幣值,雖然直至今天,升息提高本國幣值及抵抗資本外流的貨幣政策操作依然被廣泛使用,但事實上,這是違背實體經濟規律的做法,帶來的效果也不可能理想,這在本書後文中再詳細闡述。由於升息措施並未能很好地控制住黃金的流失,美國不得不採取強硬措施,以行政與法律手段直接限制黃金的外流。

我們與億的距離
鈔票的真實價值，以貨幣儲備定錨

　　1933 年 3 月，美國暫停了黃金支付。3 月 6 日，羅斯福總統發布了關於銀行歇業期的公告，禁止銀行在此期間支付黃金及交易外匯。3 月 9 日公布的《緊急銀行業法案》承認了 3 月 6 日公告的有效性，並擴充了其內容，賦予了總統在銀行交易、外匯交易、黃金和貨幣流動等方面應對緊急事件的權力。

　　用有限的黃金來交換日益豐富的產品，單位產品能換得的黃金越來越少，黃金的這種越來越「貴」的特徵，以及黃金在歷史上的重要地位，使得統治階級不願再次看到其流轉於普通大眾之手。暫停黃金支付已經使得銀行體系黃金的外流得到了控制，於是，政府的目光進一步投向了遺留在民間的黃金。

　　禁止民眾持有黃金的事件在歷史上數個朝代發生過。在古埃及，黃金就曾作為王室的特權，禁止普通民眾持有。據義大利旅行家馬可波羅記載，西元 13 世紀的中國統治者忽必烈大汗，每年都會有幾次下令臣民們將他們所擁有的寶石、珍珠、金銀送到鑄幣廠換取紙幣，而大汗的宮殿卻用金銀珠寶裝飾得富麗堂皇。

　　1933 年，美國在控制銀行體系黃金外流的措施取得成效以後，政府進一步發布了行政命令禁止黃金「儲藏」，要求包括成員銀行在內的所有黃金持有者將其持有的金幣、金塊、金圓券等在 5 月 1 日前移送至聯邦儲備銀行，除用於工業及藝術的

Chapter 2 黃金儲備
至高無上的黃金

合理數量的稀有鑄幣,以及每人可以保留的金幣和金圓券的最高限額——100 美元,國內金幣、金塊或者金圓券全部予以回收,並移送至聯邦儲備銀行。金幣和金圓券按面值兌換為其他通貨或存款,金塊按每盎司 20.67 美元的法定價格收購。緊接著,所有公共和個人合約中訂立的黃金條款被廢除,為黃金回收掃清了障礙。

我們與億的距離
鈔票的真實價值，以貨幣儲備定錨

黃金大布局

除了存量黃金的集中，美國還形成了國內新生產黃金的集中途徑。1933 年 9 月 8 日，美國根據世界市場數據每日評估的黃金價格扣除裝運及保險成本後建立了固定的官方金價，財政部同意按該價格收購黃金，儘管實施了黃金的出口禁運，美國的金礦開採者依然可以高價將黃金出售給財政部。

1933 年 10 月 25 日開始，政府授權復興金融公司（Reconstruction Finance Corporation, RFC）收購國內新採黃金，幾天之後，該公司又被授權通過儲備銀行的代理購買國外黃金，政府積極收購黃金的行為提高了金價。

1934 年 1 月 31 日，美國國會通過了《黃金儲備法案》，停止美元在國內兌換黃金，並調整黃金買賣固定價格為每盎司 35 美元，而原來黃金與美元的比價為每盎司黃金值 20.67 美元，美元相對黃金的貶值率達 40.94%，即美元的含金量降到了每盎司 20.67 美元時重量的 59.06%。按照該法案中的條款，所有金幣和金塊的所有權都歸屬於美國政府；所有金幣將退出流通，熔成金塊，並停止新的金幣鑄造活動。財政部部長將控制所有的黃金交易，總統有權將美元含金量固定在其早先法定含金量

Chapter 2 黃金儲備
黃金大布局

的 50% 至 60% 之間。

美元在國內兌換黃金的行為被停止,黃金只可以出售給某些外國購買者而不能出售給任何國內購買者,此時,黃金已經成了一種由美國官方壟斷交易與定價的商品,而每盎司 35 美元則是以美元表示的世界金價的下限,美國當局以這一價格下限無條件收購向其供給的所有黃金。相對於當時的世界黃金市場價格而言,美國規定的較高的黃金收購價格刺激了黃金生產的快速增長和政府黃金庫存的快速增加。據傅利曼在《美國貨幣史》一書中記載,美國包括其原有黃金在內的黃金產量從 1933 年的不到 260 萬盎司上升到 1940 年的 600 萬盎司;世界產量則從 1933 年的 2,500 萬盎司上升到 1940 年的 4,100 萬盎司。財政部所持有的黃金存量從 1934 年固定支持價格時的 2 億盎司上升到 1940 年末的 6.3 億盎司,這一增長是美國政府干預黃金時期世界黃金總產量的 1.75 倍。黃金存量在戰爭期間有所下降,之後在 1949 年達到最高點。到 1960 年末,它又再次下降到約 5.1 億盎司,但仍然是確立固定價格時的 2.5 倍。

作為權力與財富的象徵,黃金從民眾手裡集中到國家手裡,從弱國手裡集中到強國手裡。通過一系列黃金購買行動,美國實現了國內存量黃金、國內新產黃金、部分國外黃金的大規模集中。

我們與億的距離
鈔票的真實價值，以貨幣儲備定錨

白銀保衛戰

　　除了黃金，還有另一種重要的貴金屬曾充當貨幣，這種貴金屬就是白銀。白銀每盎司 1.292,9 美元的名義貨幣價值始於 1792 年，當時將 1 銀圓定義為含銀量 371.25 格令（大約 0.77 盎司，1 盎司等於 480 格令）。1834 年美元含金量下降後，黃金的美元價格上升導致了與此相對應的白銀的美元價格上升。從 1834 年到 1873 年，由於白銀的市場價格遠高於 1.292, 9 美元的定價，使得銀幣鑄造陷入了停頓，也就是說，由於白銀作為商品的價值超過了其作為貨幣的價值，人們更願意將白銀作為商品而不是作為貨幣，這導致了美國的金銀複本位制名存實亡。1872 年銀價開始下行，此後經歷了長期劇烈的下行過程，許多歐洲國家從銀本位制或金銀複本位制轉變為黃金本位制，使白銀的貨幣性需求下降，是導致銀價下行的重要原因之一。

　　美國 1933 年 5 月 12 日通過的憲法修正案授權總統降低美元含金量，並賦予總統與白銀相關的更為廣泛的權力。1933 年 12 月 21 日，羅斯福總統命令美國造幣廠在 1937 年 12 月 31 日之前以每盎司 0.646, 4 美元的價格收購向其供給的所有國內新產白銀，而當時的白銀市價約為每盎司 0.44 美元，比 1932 年

Chapter 2 黃金儲備
白銀保衛戰

末至 1933 年初的銀價已高出大約 75%。1934 年 6 月 19 日頒布的《白銀購買法案》命令財政部部長在國內外購買白銀,直到白銀市價回到每盎司 1.29 美元以上,或財政部持有的白銀存量的貨幣價值達到黃金存量貨幣價值的三分之一。除了以高於市場價格的白銀收購價吸引國內、國外白銀向美國財政部集中,類似黃金的國有化,1934 年 8 月 9 日,總統還命令,除了用於藝術和鑄幣的白銀外,所有白銀持有者必須將其持有的白銀以每盎司 0.500, 1 美元的價格賣給美國鑄幣局。

美國的白銀購買計劃大大降低了白銀在世界範圍內的貨幣地位。作為重要的白銀生產國及使用國,墨西哥由於白銀購買計劃的公布導致比索的白銀價值高於其貨幣價值,被迫於 1935 年 4 月宣布所有鑄幣必須兌換為紙幣,並禁止銀幣出口。1 年半以後,即世界銀價下降以後,墨西哥才再次恢復銀幣鑄造。美國財政部於 1935 年 5 月發布的關於禁止外國銀幣進口的命令顯然未發揮任何作用,這僅僅意味著銀幣將在其他國家熔為銀塊後運往美國,而不再是將銀幣直接運往美國後在美國熔化。白銀購買計劃也導致了中國的白銀大量流失,中國政府不得不對白銀實行了出口法律限制,但大量的走私出口代替了原來的合法出口。1935 年 11 月,國民黨政府財政部頒布《法幣政策實施法》及《兌換法幣辦法》,實施幣制改革,將流通中的白銀收歸國有,

我們與億的距離
鈔票的真實價值，以貨幣儲備定錨

發行紙幣為法定貨幣，正式放棄了銀本位制。

據傅利曼在《美國貨幣史》一書中記載，在相關法案以及總統公告的授權下，美國財政部共購買了 32 億盎司白銀，其中一半的購買是在截至 1937 年 12 月 31 日的 4 年裡完成的，另一半的購買是在 1937 年 12 月 31 日至 1961 年 6 月 30 日完成的。從 1933 年 12 月 31 日至 1961 年年中，財政部用於白銀購買的總支出約為 20 億美元，不過，1934 年《白銀購買法案》所制定的白銀市價等於其 1.292, 9 美元的貨幣價值，或是貨幣性白銀和貨幣性黃金的存量比例達到 1：3 的目標遠未實現。1960 年的白銀價格是 1932 年白銀價格的 3.7 倍，1960 年白銀市價約為每盎司 91.4 美分，達到 1934 年以來的最高水準。

Chapter 2 黃金儲備
美元的崛起

美元的崛起

　　1939 年至 1945 年第二次世界大戰期間，隨著戰爭接近尾聲，戰後重建與國際合作進入新階段。此時，全球各國的黃金本位與銀本位制度已基本瓦解，放棄貴金屬擔保後，取而代之的是國家信用保證。國際貿易的發展，使得不同國家間的貨幣兌換不可避免，一國的貨幣貶值直接影響到貿易夥伴的利益，人們依然習慣於有某種公認的標準來擔保一國貨幣的公信力，而黃金依然被人們視為最理想的標準。黃金被廣泛認可的貴重使得其作為世界貨幣成為可能，金幣可以與其他商品一樣，以含金量為計量標準在世界各國之間流通，滿足國際貿易的需要，無論其形狀與大小以及如何鑄造，英國的一盎司黃金都等於美國的一盎司黃金。

　　英國黃金本位制的解體對英鎊的硬貨幣形象形成了較大的打擊，而完成黃金大布局與白銀保衛戰的美國，金銀大豐收為美元成為世界貨幣提供了有力的擔保，這為布列頓森林體系的形成打下了基礎。美國的黃金收購導致一些黃金本位制國家不得不放棄黃金本位，美國的白銀收購也導致一些銀本位制國家不得不放棄銀本位，失去貴金屬貨幣儲備的眾多國家重回貴金屬

我們與億的距離
鈔票的真實價值，以貨幣儲備定錨

本位的希望渺茫，最終選擇了以黃金支持的美元本位，也就是布雷頓森林體系。

1942年1月1日，美、英、蘇、中等26國在華盛頓發表《聯合國家宣言》，建立反法西斯統一戰線。「聯合國」這一名稱是由當時的美國總統富蘭克林・羅斯福設想出來的，美國是成立聯合國的組織者。1944年7月，美國邀請參加籌建聯合國的44國政府的代表在美國布列頓森林簽署了一項重要的協議——《布列頓森林協議》，這項協議進一步確立了美元的國際貨幣地位。根據布列頓森林體系，各國確定本國貨幣兌換黃金或美元的價格，美國承諾各國可按35美元一盎司的官價向美國兌換黃金。前文已提到，35美元一盎司的官價是美國通過不斷提高價格購買黃金來實現的。布列頓森林體系實際上就是以美元國際黃金本位作為美元國際貨幣地位的重要保證。在布列頓森林協議簽訂時，美國持有全球黃金儲備的約3/4，這為美元的黃金保證提供了充分的信心。由於協議規定各國隨時可以將美元向美國兌換為黃金，各國也就對美元有了更大的信任。當然，黃金擔保雖然是重要的促成因素之一，以美元為中心的布列頓森林體系的形成，離不開美國強大的政治與經濟實力。

布雷頓協議簽訂以後直至解體，美國的黃金儲備持續下行，美元的大量發行使得以35美元一盎司兌換黃金已經沒有了可

Chapter 2 黃金儲備
美元的崛起

能。美元與黃金之間固定兌換比例被打破而導致的黃金價格上行開始於 1960 年代。到 1964 年，外國官方持有的美元已超過了美國的庫存黃金價值，布列頓森林體系以黃金擔保的美元本位實際上正在逐步發展為沒有黃金的純粹的美元本位。1965 年 3 月約翰遜總統簽署了取消銀行儲備與黃金掛勾的法案，1968 年黃金價格大幅上升，1969 年 3 月 10 日達到 43.83 美元，此後黃金價格開始下行，至 1969 年底重回 35 美元附近，這一價格維持了不到 1 年的時間，從此一去不復返。

到 1971 年，倘若按 35 美元一盎司兌換黃金，美國的黃金儲備已不足以使布列頓森林體系下一半的美元得到兌換。以高於 35 美元每盎司的價格從市場購入黃金，再履行諾言以 35 美元每盎司兌換給持有美元的各國，美國顯然沒有這個打算。1971 年 8 月 15 日，美國宣布暫停美元自由兌換黃金，這是尼克森政府新經濟政策的重要部分之一。尼克森總統的「新經濟政策」公告在東京時間 1971 年 8 月 16 日上午 10 點發布，當時日本處於開市中，而歐美為週日晚上歇市時間。「新經濟政策」發布後，引發了市場的美元抛售潮，由於過分相信美國傳達的保證不貶值美元的信息，以及為了維持 360 日元每美元的匯率價格，避免日本持有的大量美元資產減值，日本銀行繼續以 360 日元每美元的價格大量買進美元，這些美元很快就導致了日本

我們與億的距離
鈔票的真實價值，以貨幣儲備定錨

銀行巨額的帳面損失。經歷艱難而漫長的談判後，十國集團最終於 1971 年 12 月在史密森學會達成新的匯率協議，各國貨幣相對美元不同程度升值，平均升值幅度在 10% 左右，圍繞中心匯率的波動幅度從 ±1% 調整為 ±2.25%，黃金官價從 35 美元每盎司提高到 38 美元每盎司。

所有違背實體經濟規律的規則只會阻礙實體經濟的發展，最終都會在實體經濟的強大衝擊下瓦解，承載著穩定世界經濟夢想的布列頓森林體系反而成了世界經濟的不穩定因素。布列頓森林體系基於固定匯率與自由貿易建立，而固定匯率與自由貿易本身就是一對矛盾。兩國之間的匯率最終由兩國經濟的對比關係決定，隨著國際貿易的規模擴大，政府控制匯率的能力受到越來越大的挑戰。正如日本試圖干預市場來維持固定匯率的失敗，史密森協定所達成的新的匯率協議並沒有維持多久，到 1973 年，浮動匯率基本取代了固定匯率，布列頓森林體系徹底畫上了句號。1971 年至 1980 年的 10 年間，全球經歷了黃金價格的大幅上行。不過，布列頓森林體系儘管解體了，美元的世界貨幣地位卻已無法撼動。

由於黃金資源的有限，要保證單位面值紙幣兌換成指定重量的黃金，紙幣的發行必然受到很大的限制。倘若紙幣的增加不以等量增加黃金儲備為前提，那麼紙幣兌換黃金的承諾就無法

Chapter 2 黃金儲備
美元的崛起

實現。隨著經濟的發展,當人們對日益豐富的社會產品進行交易時,需要更多的紙幣參與交換,因此,黃金本位制的存在,會對貨幣供給適應貨幣需求形成阻礙,這必然束縛經濟的發展,也必然帶來黃金本位制的最終解體。從越鑄越小的金幣,到黃金本位制國家紙幣兌換黃金的縮水直至中止,再到布列頓森林體系的解體,有限的黃金與日益豐富的社會產品的不匹配使得黃金的貨幣地位難以繼續,黃金重量的增加永遠也跟不上社會產品的日益豐富。如果一定要建立社會所有產品與黃金的比價關係,單位產品能兌換的黃金只能越來越少,或者說,黃金只能越來越「貴」,因此,兌換黃金的承諾注定只能是口頭空言。顯然,是人們沒有認清黃金本位制失敗的真正原因,才使布列頓森林體系得以形成。

我們與億的距離
鈔票的真實價值，以貨幣儲備定錨

世紀大違約

布列頓森林體系的解體也就意味著黃金支付的違約，美元不再能自由兌換成黃金。正如我們多次提到的，由於黃金礦藏的有限，黃金數量滿足不了日益增長的經濟帶來的貨幣需求的增長，最終導致了黃金的貨幣地位難以為繼，也導致了黃金本位與布列頓森林體系的瓦解。

黃金本位制受到的挑戰與黃金商品或黃金鑄幣的貨幣地位受到挑戰如出一轍，既然黃金的數量不足以滿足經濟增長帶來的貨幣需求的日益增長，以單位面值紙幣等同指定重量黃金的黃金本位制也就無法實現：要保證單位面值紙幣等同指定重量黃金，要麼限制紙幣的供給，要麼減少單位面值紙幣的含金量，前一方案會導致紙幣供給不足，後一方案會導致單位面值紙幣不能兌換為原定重量的黃金。布列頓森林體系的解體與此是同樣的道理，要保證單位面值美元等同指定重量黃金，要麼限制美元的供給，要麼減少單位面值美元的含金量，前一方案會導致美元供給不足，後一方案會導致單位面值美元不能兌換為原定重量的黃金。

布列頓森林體系給予美元的高信用地位源於黃金的擔保，布

Chapter 2 黃金儲備
世紀大違約

列頓森林體系的解體相當於宣告擔保物無效，出於對美國庫存黃金的信仰而信仰的美元，拒絕以庫存黃金作為擔保，美元從有擔保物的信用降為了無擔保物的信用，這使得美元相對黃金大幅貶值，即以美元計價的黃金價格大幅上漲，儘管其中包括部分因恐慌與投機而導致的非理性上漲。

無論是黃金本位還是布列頓森林體系最終都以失敗告終，人們持有的紙幣再也不能兌換為曾經承諾的黃金，所謂的承諾兌換，從一開始就是空頭承諾，過去不可能，現在不可能，將來也不可能。然而，正因為人們相信了這一承諾，不得不蒙受巨大的損失。布列頓森林體系的解體是巨大的債務違約，美國以黃金擔保為承諾，印刷大量的美元購買世界各地的財富，最後卻取消了黃金擔保，全球各國不得不承受手裡持有的美元因大幅貶值帶來的損失。可以說，黃金本位僅僅滿足了人們的幻想，這自始至終是一個永遠也無法兌現的諾言，就像一個企業向你無限借債並承諾以公司資產擔保，而公司卻日益資不抵債，這樣的承諾顯然毫無意義，是否償還債務最終還是取決於企業自身的信用與償債能力，而不取決於是否承諾以資產擔保，除非你以質押等方式控制了該公司的優質資產並獲得了優先受償權。而事實上，布列頓森林體系下，聯準會的黃金儲備控制在美國的手裡而不是持有美元的債權國手裡；各國黃金本位實施期間，

我們與億的距離
鈔票的真實價值，以貨幣儲備定錨

黃金儲備控制在各國中央銀行而不是持有紙幣的民眾手裡，因此，你永遠不可能對紙幣兌換黃金的違約獲得優先受償權。

無論是黃金本位時期的英鎊，還是布列頓森林體系之後的美元，強大的國家經濟實力才是英鎊與美元成為世界貨幣的根本。倘若今天某個落後動盪的非洲或東南亞小國承諾該國貨幣可隨時兌換為黃金，相信這個國家的貨幣也不會因此而成為世界貨幣，因為所有的承諾都需要以真實的經濟實力與償還能力作為基礎，除非你能以質押等方式控制該國的優質資產取得優先受償權。今天的美元，不需要任何承諾，同樣可以作為強大的世界貨幣發揮作用，支持美元強大的是同樣強大的美國經濟。

Chapter 2 黃金儲備
炮火中倒塌的黃金本位

炮火中倒塌的黃金本位

儘管黃金本位解體了，但人們並沒有充分意識到，由於黃金的供給滿足不了貨幣需求，導致黃金的貨幣地位存在著巨大的隱患，也沒有意識到貨幣供給滿足不了貨幣需求對實體經濟造成的嚴重阻礙。直到今天，依然有人主張重回黃金本位。

黃金本位的解體是必然的，但大量的揮霍或毀損加快了貨幣的貶值，因而也加速了黃金本位的解體。戰爭造成的巨大的物資毀損使得單位紙幣能換得的物資大幅下降，這造成了紙幣的快速貶值。如同 1797 年的擠兌造成英格蘭銀行被迫中止紙幣與黃金的可兌換，黃金本位實施期間的每一次大規模戰爭，我們都可以看到它的搖搖欲墜。

早在西元前 3 世紀的羅馬，布匿戰爭成了加速金幣與銀幣金屬含量下降的重要因素。19 世紀廣泛存在的黃金本位實施後，大規模的戰爭同樣使得單位面值貨幣可兌換的黃金重量迅速下降，導致原定的兌換重量無法實施下去。

1861—1865 年美國南北戰爭時期，美國發行了大量「綠鈔」（美國流通券）籌集戰爭經費。1862 年年初，受北方為戰爭融資而發行貨幣的影響，通貨對鑄幣的可兌換終止了，綠鈔本位

我們與億的距離
鈔票的真實價值，以貨幣儲備定錨

作為信用貨幣本位代替了黃金本位，在美國國內，黃金主要作為一種商品存在，但由於英國等主要國家維持了黃金本位，黃金依然等同於外匯用於國際支付。

1865 年美國結束了南北戰爭，國家進入了戰後重建，戰火中倒塌的黃金本位也進入了戰後重建。不過，這一重建過程並不容易。1875 年 1 月 14 日，美國國會通過了《恢復鑄幣支付法案》，這一法案宣布在 1879 年 1 月 1 日恢復到戰前的鑄幣支付平價。在政府金融政策的努力下，1879 年 1 月 1 日美國成功以戰前平價恢復了鑄幣支付。對於美國南北戰爭結束到 1879 年重新實行黃金支付制度的這一時期，由於當時經濟統計數據不完善，我們很難對恢復黃金支付給經濟造成的影響下結論，但當時的很多經濟觀察者認為，那個時期經濟出現了低潮和混亂。

由於黃金是一種商品貨幣，黃金貨幣的多少依賴於用於製造貨幣的黃金原料的多少，不像紙幣可以隨意加印，這就導致了本就稀有的黃金的供給日益滿足不了需求。尤為顯著的是戰爭時期，眾多國家財政資金不足以滿足戰爭支付，這就只能以加印信用貨幣的方式變相徵稅，使得紙幣相對黃金不斷貶值，或者說黃金相對紙幣的價值不斷提升，從而導致黃金本位制難以實施下去。當黃金作為金屬商品超過了黃金作為貨幣的價值時，人們不再願意把黃金當為貨幣來使用，政府常常不得不採用某

Chapter 2 黃金儲備
炮火中倒塌的黃金本位

種強制性的行政手段加以干預，將黃金集中到自己手中。

1914—1918 年第一次世界大戰時期，各國廣泛發行紙幣來籌集戰爭經費，儘管規定了與單位紙幣等價的含金量，但黃金由國家持有，而紙幣在流通中廣泛使用。第一次世界大戰結束到第二次世界大戰爆發前，這些國家也曾經試圖恢復黃金與紙幣的兌換關係，然而，人為地限制貨幣供給導致貨幣供給不能適應貨幣需求，必然擾亂實體經濟的運行秩序，因此，試圖恢復黃金與紙幣兌換關係的操作嚴重阻礙了經濟的發展。英國在 1931 年就脫離了黃金本位制，經濟的蕭條在 1932 年第三季度到達了谷底，而此時，加拿大、法國等維持黃金本位制的國家蕭條卻還在持續。沒有黃金本位制的束縛，貨幣供給狀態可以得到改善，這將有利於經濟的改善。最終，各國紛紛放棄了黃金本位。不過，黃金在人們心中的地位依然揮之不去，並且一時找不到新的貨幣儲備來填補黃金儲備離去的空白，為此，同樣已經放棄黃金本位制的美國，依然在努力集中黃金資源，直到第二次世界大戰即將結束時，以領先的黃金儲備量獲得世界各國對美元可兌換黃金的信任，從而形成了布列頓森林體系，將美元迅速推向了全球。

我們與億的距離
鈔票的真實價值，以貨幣儲備定錨

黯然退場的黃金

　　規定每一貨幣單位法定的含金量，形成了最初的貨幣儲備———黃金儲備，黃金資源的有限與黃金作為商品的市場價格波動，使得黃金作為貨幣儲備並不能穩定貨幣船。隨著經濟的發展，產品日益豐富，增加的產品需要更多貨幣來參與交易，而有限的黃金資源並不能滿足交易的需要，正如在黃金鑄幣時代，受有限的黃金資源的限制，同等面值的金幣越鑄越小，黃金本位時代，同等面值紙幣可以兌換的黃金也只能越來越少，以單位面值紙幣兌換固定重量黃金的承諾無法實現，黃金儲備不得不成為歷史。回顧黃金儲備的整個實施過程，每艘貨幣船配備的黃金儲備的重量越來越輕，直至最後乾脆收回了黃金儲備，將不配備黃金儲備的貨幣船直接投入了營運。

　　黃金淡出了貨幣的舞台，徹底退出了貨幣流通，回到了鐵門與槍支重重把守的地下金庫。直到今天，如果你走進戒備森嚴的聯準會或英格蘭銀行的地下金庫，依然可見整齊的貨架上擺放有序的、閃閃發光的、終年不見天日的金塊。

　　任何商品的價格都受到成本與供求變動的影響，即使沒有貨幣，商品間的相對比價也在不斷地發生變化。無論是純粹的

Chapter 2 黃金儲備
黯然退場的黃金

黃金本位制,還是金銀複本位制,都注定要失敗。不同商品的相對價格變化會導致金銀之間比價的變化,也會導致金銀與其他商品之間比價的變化,因此,使用任何一種商品來充當貨幣,都會因為這種商品與其他商品之間比價的變化而導致貨幣的價值發生變化。以金銀為例,在歷史上的大多數時期,白銀的價值約為黃金價值的 5% 至 10%,即白銀與黃金的兌換率大約為 20:1 至 10:1。古埃及人制定的白銀與黃金的兌換比率也為 10:1,如同古埃及人一樣,呂底亞國王克洛伊索斯規定白銀與黃金的兌換比率也為 10:1,這一比率還在其他歷史時期採用過,例如馬其頓王國的菲利普和亞歷山大時期等。美國、英國、法國等國,在金銀複本位制時期白銀與黃金的兌換曾採用過 16:1 至 15:1 的比率。而今天白銀與黃金的兌換比例發生了天翻地覆的變化:2018 年 12 月 31 日,紐約商品交易所(COMEX)的白銀期貨收盤價為 15.56 美元每盎司,而黃金期貨收盤價為 1284.70 美元每盎司,據此計算,白銀與黃金的兌換比率達到了約 83:1。顯然,比價發生變化的不僅僅是黃金與白銀,任何商品之間的比價都可能發生變化,我們不應該也無法將其強制固定。

貨幣的用處是購買商品,用有價值的商品來充當交換物,會導致該種商品大量的閒置與占用,以及不得不實施的高成本生

我們與億的距離
鈔票的真實價值，以貨幣儲備定錨

產與保管，這顯然是一種資源的浪費。黃金本位與銀本位的承諾顯然是不可能兌現的，有限的貴金屬資源滿足不了經濟增長帶來的增加貨幣的需求，並且黃金與白銀的生產與管理成本較紙幣要大得多，即使黃金與白銀無限，黃金本位與銀本位也會導致黃金與白銀的生產與管理成本無法彌補。況且，即使上述的一切都不是問題，倘若一個國家的信用出了問題，所謂的貴金屬擔保必然也會出問題。以國家信用為保證的紙幣，成了最後不得不信賴的選擇。

然而，飄蕩在無邊無際的大海上的紙幣船，隨便風把它吹到什麼方向顯然是十分危險的，尋找新的錨成了各國中央銀行無法迴避的問題。黃金作為貨幣儲備的失敗已無數次地得到了證實，沒有了黃金這一重要的貨幣儲備，貨幣的發行又該如何決定？廉價的紙幣可以無限加印，何為多，何為少，如何限制？還有什麼可以作為貨幣儲備來穩住這些亂闖亂撞的貨幣船呢？這些問題，全球中央銀行從 20 世紀探索到了 21 世紀，依然疑霧重重。

Chapter 3
貨幣供給量

我們與億的距離
鈔票的真實價值，以貨幣儲備定錨

在黃金儲備時代，每條貨幣船都配備了黃金儲備，黃金儲備的重量與貨幣船的大小成正比。隨著經濟的發展，越來越多的產品被生產出來，貨幣船隊需要承載的貨物越來越多，亟須擴大。然而，自然界的黃金資源是有限的，這使得黃金產量的增長相對於社會產品的增長實在是太慢了，貨幣船隊的規模很快就受到了束縛。有限的黃金與越來越大的貨幣船隊的規模使得配備黃金儲備越來越難。

為了擺脫黃金的束縛，擴大貨幣船隊規模，中央銀行不得不常常減少每艘貨幣船配備的黃金儲備重量，這本身就製造了混亂。越來越輕的黃金儲備難以發揮穩定船隻的作用，最終，中央銀行不得不放棄了黃金儲備，讓不配備黃金儲備的貨幣船直接進入了運行。

沒有了黃金儲備的限制，中央銀行該如何控制貨幣船投入使用呢？新的貨幣儲備——貨幣供給量成了黃金儲備之後新的嘗試。我們可以把貨幣供給量想像成中央銀行在大海中圈定了一塊錨地，中央銀行控制進入錨地的貨幣船數量以某種設定的速度增長，以此來保證貨幣船隊規模的合理擴張。

然而，錨地的範圍如何圈定？貨幣船隊的規模該以怎樣的速度擴張才算合理？中央銀行該如何控制貨幣船隊的規模？中央銀行能控制貨幣船隊的規模嗎？……帶著這一串串疑問，讓我

Chapter 3 貨幣供給量
黯然退場的黃金

們一起探索貨幣供給量的神祕世界。

貨幣供給量

貨幣供給量的設計思路是通過穩定貨幣總量來穩定貨幣環境。該思路認為中央銀行應將貨幣總量控制在指定的範圍,比如使貨幣總量不變或以設定的低速度增長,以此來保證船隻的正常運行,並且認為這同時會使物價穩定運行。如果把貨幣類比為船,貨幣供給量就像是試圖將船隻數量控制在某一範圍,以此來保證貨幣的穩定運行與單位船隻運載貨物量的穩定等。

我們與億的距離
鈔票的真實價值，以貨幣儲備定錨

未知的命運

　　自然界的物種在周而復始、生生不息地繁衍著。該繁衍多少呢？自然界賦予了每一個物種不同的繁衍能力，越是弱小的個體繁衍能力越強大，比如螞蟻、蜜蜂等。除此之外，疾病、食物的限制等也會對物種繁衍的數量加以約束：如果有太多的羊就會吃光山坡上的草，那麼有一些羊會餓死，羊的數量減少使得草地能更好地生長，存活下來的羊又有充足的草可吃了；如果有太多的狼就會吃光羊群，那麼有一些狼會餓死，狼的數量減少會使得羊能更好地繁衍生長，存活下來的狼又有充足的羊可吃了。自然界就是這樣不斷地達成新的平衡，使得這個世界上的生物看似不多不少地存活著，取得各自生存所需的資源。

　　人類在周而復始地生產他們所需的產品，糧食、服裝、家具、電子產品等在人類的勤勞智慧裡紛紛誕生。人們根據市場上的產品需求安排生產，如果產品太多了，多餘的產品就無法從市場上銷售出去，此時，人們就會減少生產；如果產品太少了，能在市場上賣個好價錢，人們就會增加產品的生產。產品市場也是這樣不斷地達成新的平衡，使得這個世界上的產品看似不多不少地存在著，各自進入消費者的手裡。

Chapter 3 貨幣供給量
未知的命運

人類社會裡產品的生產由市場供求來決定,那麼,貨幣的多少究竟如何來決定呢?這幾乎成了一個世紀難題。

巍峨的辦公大樓,厚重的鐵門,神情嚴肅的官員,手持槍支的押鈔者……貨幣從這裡神祕誕生,並被源源不斷地運往世界各地,我們手裡的每一張紙幣都來自這裡。儘管人人都能觸摸到貨幣,但這個神祕的掌管貨幣的被稱為中央銀行的機構,卻總讓人迷惑不解。儘管人們總想佔有更多的貨幣,也常常會抱怨手裡的貨幣越來越不值錢,但如何主宰這些貨幣的命運,誰來決定它們是價值連城還是一文不值,人們卻極少思考。這一切都是那麼地不可控,人們只是被動地接受著,無意改變,不問原因,貨幣似乎僅僅是中央銀行的事。然而,它卻隨時有可能像脫了錨的船,帶來混亂與災難,而人們卻還未來得及考慮該如何避免。

不過,避免災難並非易事,就連各國中央銀行也常常因為一時找不到合適的錨拉住橫衝直撞的貨幣船,而只能任憑其在波濤洶湧的大海中翻滾。

我們與億的距離
鈔票的真實價值，以貨幣儲備定錨

應時而生

　　布列頓森林體系以美元兌換黃金的承諾為基礎，終究還是沒能脫離黃金的束縛，布列頓森林體系的解體是黃金儲備的徹底離場。黃金儲備的徹底離場使得尋找新的貨幣儲備成為一件至關重要的事，沒有了黃金這一受自然資源限制的貨幣儲備，紙幣的發行讓人一籌莫展。與此同時，由於紙幣兌換黃金的信用被粉碎，人們對手中持有的紙幣也陷入了恐慌，不僅黃金價格飛漲，整個物價指數也大幅上漲。這一突如其來的問題讓中央銀行焦頭爛額，以控制貨幣總量增速來控制物價的嘗試，形成了繼黃金儲備後新的貨幣儲備——貨幣總量錨。

　　就在布列頓森林體系成立至解體之間，美國經濟學家米爾頓・傅利曼提出了現代貨幣數量論。他在《史密森協定》達成大約5年後，也就是1976年，獲得了諾貝爾經濟學獎。然而，大約在此前20年，他就提出了通過穩定貨幣量來穩定物價的觀點。

　　傅利曼認為，貨幣總量變化引起價格水準變化，因此，中央銀行應該以穩定的增長率增加貨幣量，只要貨幣供給量穩定地以接近產出增長的速度增長，就能形成穩定的近乎不變的價格

Chapter 3 貨幣供給量
應時而生

水準。也就是說，傅利曼給出了一個新的貨幣儲備——貨幣供給量，這個貨幣供給量就是事先給貨幣船隊設定好增長率，這個增長率大約等於產品的增長率，如果按這樣的增長率擴張貨幣船隊的規模，產品多了，船也多了，那麼每條貨幣船承載的貨物應該近乎不變。

對於增長率具體應設定為多少，傅利曼自己也做過不同表述，他認為相對於增長率的高低，增長率的穩定更重要。在《最優貨幣量》一書中，他給出的表述是：「我希望以保持最終產品價格不變而設計的穩定的增長率增加貨幣量，我估計美國這一比率是每年 4% 到 5%，貨幣總量定義為包括銀行之外的通貨和商業銀行所有的活期和定期存款。」

傅利曼將貨幣量的增速設計在 4% 到 5%，是因為假定產出一年增長約 3% 到 4%。他在分析亨利・西蒙斯等人提出的使「持有貨幣的絕對量為常數」的政策時指出：「給定產出一年增長約 3% 到 4%，如果貨幣的實際需求持續上升，實際收入保持過去一個世紀中的平均值，持有貨幣的絕對量為常數的政策會使價格一年下降約 4% 到 5%。」因此，為保持價格不變，最優貨幣量就應該是年增速 4% 到 5%。

儘管物價的大幅波動對經濟發展不利這一點幾乎是共識，傅利曼也同意這一點，但傅利曼並沒有將設定的通貨膨脹率作為

我們與億的距離
鈔票的真實價值，以貨幣儲備定錨

貨幣儲備，因為傅利曼認為，相對於貨幣總量，價格水準難以控制。

失去了黃金這一重要的貨幣儲備以後，貨幣政策沒有了可參照的依據，各國中央銀行一直在尋找新的名義錨。傅利曼提出的貨幣供給量，正好填補了貨幣儲備的空白，在當時的貨幣理論環境下幾乎成了無可替代的選擇。布列頓森林體系解體後，聯準會開始了貨幣供給量的使用，德國、瑞士等眾多國家也嘗試了貨幣總量錨。

聯邦公開市場委員會（The Federal Open Market Committee, FOMC）是聯準會的貨幣政策決策機構，大約每月舉行一次常規的貨幣政策會議。在 1970 年 1 月 15 日的 FOMC 會議上，委員會首次將貨幣總量目標視為重要目標，對貨幣存量給予與銀行信貸同樣的關注，而此前則主要觀察銀行信貸指標。在此次會議上，FOMC 指出，「在進行公開市場操作時，應更加強調實現貨幣總量適度增長的目標，並對銀行信貸和貨幣存量給予大致同等的重視。與會者一致認為，操作活動應著眼於維持貨幣市場的穩固條件，但如果總量目標不能實現則應加以修改」。對於在此之前的 1969 年 12 月 16 日的 FOMC 會議中提出的「如果銀行信貸明顯偏離目前的預測，或如果出現異常的流動性壓力，則應修改公開市場操作」的表述，1970 年

Chapter 3 貨幣供給量
應時而生

1月15日的FOMC會議將之修正成了「如果貨幣和銀行信貸看來與目前的預測有很大的偏離,則應修改公開市場操作」。我們可以從表述的更改上清楚地看到聯準會開始關注貨幣量,而從1971年開始,聯準會將貨幣總量視為了比銀行信貸更重要的指標,1971年2月9日的FOMC會議表示,「應在委員會下次會議之前進行公開市場操作,以維持目前的貨幣市場狀況,同時適應長期利率進一步下降的趨勢,但如果貨幣總量似乎沒有達到預期的增長路徑,則應迅速進一步放寬貨幣市場條件」。這一表述將貨幣總量目標視為公開市場操作最重要的目標,而未提及銀行信貸目標,著眼於貨幣總量增長率的公開市場操作,意味著貨幣供給量正式進入使用。

我們與億的距離
鈔票的真實價值，以貨幣儲備定錨

錨地的邊界

　　貨幣供給量通過控制貨幣總量按預定的速度增加，以保證貨幣總量的擴張合理。然而，貨幣總量如何統計呢？貨幣是交易的媒介，但用於交易媒介的不僅僅只有中央銀行發行的貨幣，中央銀行以外的銀行等其他機構也創造了大量的貨幣。對於貨幣總量的統計範圍，中央銀行發放的紙幣當然算，銀行存款應該算，商業票據應該算嗎？人們又創造了怎樣的新的貨幣形式呢？中央銀行能窮舉嗎？中央銀行該控制哪個統計口徑的貨幣總量呢？如果把貨幣供給量想像成中央銀行在大海中圈定了一塊錨地，貨幣總量統計口徑的設計就如同錨地邊界的確定，海洋裡有各種船隻，錨地圈得太小不足以統計到船隻的數量，而錨地圈得太大中央銀行又不便於或者沒有能力管理。

　　在 1970 年 12 月 15 日的 FOMC 會議上，有人指出目前貨幣總量的前景特別不確定。鑒於未來幾周的不確定性，一些委員會成員建議，在就這一期間的公開市場操作做出決定時，應比以前更重視貨幣市場條件，而不應考慮到所報告的貨幣總量統計數據的權重。一些成員認為，除了目前的不確定因素外，出於更一般性的理由，這種重點轉移是可取的。關於貨幣總量，

Chapter 3 貨幣供給量
錨地的邊界

一些成員提請注意除狹義貨幣存量——私人活期存款加上流通中的貨幣,即所謂的「M1」以外,其他總量的重要性。在這方面,有人提到銀行信貸和比 M1 範圍更廣的各種定義中的貨幣。從會議的討論可以看到,要不要將貨幣政策的重心轉向貨幣總量目標,使用怎樣的貨幣總量目標,會議成員們還存在爭議。

1971 年 1 月 12 日的 FOMC 會議,聯準會給出了貨幣存量的兩種衡量標準——M1 和 M2 的變化情況,「M1」定義為私人活期存款加上流通中的貨幣,「M2」定義為 M1 加上除大額存單外的商業銀行定期存款。在此後的不同年度,聯準會對於不同統計口徑的貨幣存量的定義也進行過多次調整,還包括更為廣義的貨幣存量指標 M3 的使用。對於 M1 與 M2 這兩個不同統計口徑的貨幣總量指標,1976 年 2 月 17 日至 18 日的 FOMC 會議決定,在評估貨幣總量的表現時,給予兩者大致相等的權重。

在 1980 年 2 月 4 日至 5 日的 FOMC 會議上,審議了貨幣總量新定義的範圍,從較為狹義到更為廣義的貨幣總量統計口徑依次為 M1A、M1B、M2 和 M3。1982 年 2 月 1 日至 2 日的 FOMC 會議決定放棄 M1A 和 M1B 的統計,認為 M1A、M1B 的劃分與統計並沒有帶來太大的實質性意義,因而恢復使用 M1、M2、M3 三種統計口徑。

我們與億的距離
鈔票的真實價值，以貨幣儲備定錨

　　1987年2月10日至11日的FOMC會議決定，由於M1的異常波動，不再控制M1，1987年將不確定M1增長的數值範圍，但M1的發展將在新出現的經濟和金融狀況以及更廣泛的貨幣總量表現的背景下得到認真的評估。在1988年2月9日至10日的FOMC會議上，沒有成員支持1988年重建M1的目標範圍。會議指出，近年來M1的表現對利率等因素的變化變得非常敏感，其速度的劇烈波動反應了這一點。要解釋M1增長與經濟表現之間的關係仍然特別困難。鑒於其不可預測的表現，M1的狹窄區間很容易引發貨幣政策對經濟意外發展的不當反應。最終，會議沒有設定M1的任何區間。

　　不同統計口徑的貨幣總量就像中央銀行在大海中圈定了不同範圍的錨地。大海裡有很多的貨幣船，這些貨幣船不全由中央銀行控制。錨地的範圍越狹窄，裡面停靠的貨幣船越受中央銀行直接影響；錨地的範圍越廣泛，中央銀行的影響力越弱。假定中央銀行最初圈定的是一塊叫M1的較為狹窄的錨地，然而，因為運載貨物的貨幣船還有很多，M1錨地上的船不足以反應整個貨幣船的使用情況，中央銀行把錨地擴大到M2，M2在M1的基礎上納入了新種類的船。再後來，中央銀行繼續擴大錨地到M3，M3在M2的基礎上又納入了其他不常使用的新種類的船。儘管中央銀行不斷地擴大圈定的錨地範圍，但海洋太大，

Chapter 3 貨幣供給量
錨地的邊界

中央銀行沒有能力把海洋中所有運載貨物的貨幣船都統計出來。隨著經濟與金融的不斷發展，海洋中形形色色的貨幣船越來越多，最初那塊叫 M1 的錨地裡所停靠的貨幣船，在所有貨幣船中承擔起的貨物運載比重不斷下降，與其他經濟變量的相關性越來越低。因此，FOMC 放棄了 M1 目標，關注更為廣泛的貨幣總量目標，然而，即使是 M2、M3，也無法做到貨幣總量的完整統計。中央銀行以外的機構甚至個人創造貨幣船的行為使得中央銀行對貨幣船隊規模的統計與控制存在很大的困難。貨幣船隊規模的計量已經讓中央銀行大費周折了，船隊的擴張速度又該如何控制呢？

我們與億的距離
鈔票的真實價值,以貨幣儲備定錨

船隊的擴張

　　除了貨幣總量的規模,另一個重要的問題是貨幣總量的變化速度,中央銀行應該以怎樣的速度控制貨幣總量的增長呢?在1970年12月15日的FOMC會議上,弗朗西斯先生認為應該採取當時流行的5%的貨幣總量年增長目標,這是傅利曼認為最優的貨幣總量目標。然而,FOMC並未採用這一目標,事實上,即使採用了也無法準確實現,在接下來的分析中我們將能清楚認識到這一點。

　　在貨幣供給量實施最初的幾年,聯準會尚未制定貨幣總量增長率的具體數值目標。比如1971年8月24日FOMC會議的表述為:「公開市場操作應繼續著眼於在今後幾個月內實現貨幣總額的增長率,遠遠低於近幾個月的快速增長率。」1973年12月17日至18日的貨幣政策會議上,FOMC指出,「聯邦公開市場委員會的政策是創造有利於抵禦通貨膨脹壓力的金融條件,減輕石油短缺對生產和就業的影響,保持國家、國際收支平衡。為執行這一政策,在考慮到國際和國內金融市場的發展的同時,委員會力求在銀行準備金和貨幣市場條件方面實現某種程度的放鬆,條件是貨幣總額不出現過度增長」。從FOMC的表態可

Chapter 3 貨幣供給量
船隊的擴張

以看出,聯準會的貨幣總量目標並不十分具體,而是以過度、適度、更快、更慢或高於、低於等詞來形容未來的目標,這些都是一些定性的詞,而不是定量的明確的目標。不過,從 1974 年開始,聯準會給出了更明確的貨幣總量目標。

1974 年 12 月 16 日至 17 日的 FOMC 會議中提到,在 12 月至 1 月期間,M1 和 M2 的年增長率分別為 5% 至 7% 和 7.5% 至 10%,與貨幣總量的長期目標是保持一致的。1975 年,聯準會開始制定為期一年的貨幣總量增長目標。在 1975 年 12 月 16 日的 FOMC 會議中提到,在 10 月份的會議上,委員會商定 1975 年第三季度至 1976 年第三季度期間按以下幅度計算的貨幣總量的平均增長率似乎符合其廣泛的經濟目標:M1,5% 至 7.5%;M2,7.5% 至 10.5%;M3,9% 至 12%。銀行信貸的相關增長幅度為 6% 至 9%。此後一直到貨幣供給量停用,FOMC 每年都會審查過去一年的貨幣目標實現情況,以及審議未來一年的長期貨幣政策目標。

1978 年的《充分就業和平衡增長法》(又名《漢弗萊霍金森法》,「Humphrey-Hawkins」)修正了「聯邦儲備法」第 2A 條,要求理事會在每年 2 月 20 日和 7 月 20 日之前向國會提交書面報告,說明報告所涉日曆年貨幣和信貸總額的增長或減少幅度方面的目標和計劃,這代表著聯準會正式以法律的形式

我們與億的距離
鈔票的真實價值，以貨幣儲備定錨

明確了貨幣目標的管理。《充分就業和平衡增長法》對美國的貨幣政策影響深遠，直到 2000 年 2 月 17 日提交國會的貨幣政策報告，標題還醒目地標示「依據 1978 年《充分就業與平衡增長法》（Pursuant to the "Full Employment and Balanced Growth Act of 1978"）」，1998 年及以前甚至直接將貨幣政策報告命名為《漢弗萊 - 霍金森報告》（Humphrey-Hawkins Report）。儘管貨幣總量增長目標常常做出調整，也常常存在眾多爭議或疑惑，但在 20 世紀餘下的時間裡，聯準會都堅持不懈地進行了貨幣目標的制定，直到 2000 年明確放棄貨幣總量目標，並對貨幣政策報告的標題進行了更名，去掉了「依據 1978 年《充分就業與平衡增長法》」的表述。

　　貨幣供給量自 1970 年代的實施到 21 世紀初的徹底放棄到底經歷了什麼？聯準會制定貨幣總量目標的依據是什麼？聯準會如何實現貨幣總量目標又為何要放棄貨幣總量目標呢？帶著這一系列疑問，讓我們一起回顧聯準會的貨幣目標執行過程。

Chapter 3 貨幣供給量
失控的錨地

失控的錨地

劃定了錨地的邊界、確定了船隊的擴張速度，聯準會接下來要做的是控制錨地的貨幣船隊以設定的速度擴張。貨幣供給量的重要任務之一是穩定物價，因此，受長期的高通貨膨脹困擾影響，從 1976 年到 1979 年，即聯準會制定年度貨幣總量目標的最初幾年，都在逐年調低貨幣總量增速目標，試圖緊縮貨幣量抑制通貨膨脹。然而，事與願違的是，實際貨幣總量增速幾乎都高於目標範圍的上限。

聯準會大約在每年 2 月份的 FOMC 會議制定上年度四季度至本年度四季度的貨幣總額年度增速目標。1976 年制定的 1975 年第四季度至 1976 年第四季度貨幣總額年同比增速目標範圍為：M1, 4.5% 至 7.5%；M2, 7.5% 至 10.5%；M3, 9% 至 12%。實際增長率約為：M1, 5.5%；M2, 11%；M3, 12.75%。除 M1 落在了目標區間內，M2 與 M3 均超過了目標範圍上限。1977 年制定的目標為：M1, 4.5% 至 6.5%；M2, 7% 至 10%；M3, 8.5% 至 11.5%。實際的增速為：M1, 7.4%；M2, 9.6%；M3, 11.6%。M1 和 M3 都超過了貨幣目標範圍的上限，而 M2 接近貨幣目標上限。1978 年制定的目標為：M1, 4% 至 6.5%；

我們與億的距離
鈔票的真實價值，以貨幣儲備定錨

M2, 6.5% 至 9%；M3, 7.5% 至 10%。實際 M1、M2 和 M3 分別增長了 7.25%、8.5% 和 9.5%。這三種貨幣總量的增長都大大低於前一年，M2 和 M3 落在了貨幣目標區間內，但 M1 超過了貨幣目標區間上限。然而，FOMC 繼續下調了貨幣目標。1979 年制定的目標為：M1, 1.5% 至 4.5%；M2, 5% 至 8%；M3, 6% 至 9%。

1980 年 2 月 4 日至 5 日的 FOMC 會議審查了上一年度貨幣總量目標的實現情況，從 1978 年第四季度到 1979 年第四季度，M1A 增長了 5.5%，與 M1 相同，M1B 增長 8.0%，M2 增長 8.8%，M3 增長 9.5%。M1、M2、M3 均超過了貨幣目標範圍的上限，1979 年較 1978 年的貨幣目標下調了，而實際的貨幣總量增長速度並沒有下降。1980 年 2 月 4 日至 5 日的 FOMC 會議調高了下一年度的貨幣目標，制定 1979 年第四季度至 1980 年第四季度期間貨幣總額的增長幅度目標範圍如下：M1A, 3.5% 至 6%；M1B, 4% 至 6.5%；M2, 6% 至 9%；M3, 6.5% 至 9.5%。從 FOMC 會議記錄並不能看到貨幣目標調高的理由，相反，與制定這一貨幣目標相關的闡述卻是：「在考慮今後一年貨幣總額的增長幅度時，委員會成員強調指出，經濟活動和價格的前景以及名義國民生產總值的增長前景存在著異常巨大的不確定性。貨幣總量的新定義的轉變給貨幣總量與名

Chapter 3 貨幣供給量
失控的錨地

義國民生產總值之間的關係帶來了更多的不確定性，而且隨著金融市場狀況的變化，貨幣總量本身之間的關係也帶來了不確定因素。……這次會議通過的幅度可根據立法或其他發展動態隨時加以修改，無論如何將在年中重新審議。在委員會討論來年的幅度時，成員們同意，在 1979 年有所減速之後，1980 年的貨幣增長應進一步放緩，這符合遏制通貨膨脹和為恢復經濟穩定以及商品和服務產出可持續增長提供基礎的目標。」從這段闡述可以看到，FOMC 一方面認為貨幣總額的增長幅度與經濟增速並不存在很確定的對應關係，因而，貨幣目標的合理制定以及實現存在較大的困難；另一方面認為貨幣緊縮是抗通貨膨脹的重要手段，因而，降低貨幣增長速度非常迫切。從前述數據可以看到，FOMC 自制定年度貨幣總量目標以來，實際數據始終處於高於目標數據的狀態，上年度 M1、M2、M3 均超過了貨幣目標範圍的上限，這或許是聯準會一方面想貨幣緊縮，另一方面又不得不調高貨幣目標的原因。

1981 年 2 月 2 日至 3 日的 FOMC 會議在審查 1981 年貨幣增長幅度時，委員會注意到，從 1979 年第四季度至 1980 年第四季度，M1A 增長了 5%，M1B 增長了 7.25%，M2 增長了 9.75%，M3 增長了 10%。除 M1A，每個總量的增長都超過了其範圍的上限。在考慮 1981 年的幅度時，會議認為，委員會在

我們與億的距離
鈔票的真實價值，以貨幣儲備定錨

影響貨幣增長的力量方面繼續面臨不尋常的不確定因素，部分原因是狹義和廣義貨幣的需求相對於名義國民生產總值的關係發生了很大的變化。委員會通過了 1980 年第四季度至 1981 年第四季度期間貨幣總額的以下增長幅度：M1A，3% 至 5.5%；M1B，3.5% 至 6%；M2，6% 至 9%；和 M3，6.5% 到 9.5%。1981 年基本維持了上年度的貨幣目標範圍，並且在此後的多年裡未對這一目標範圍作實質性的變動，這充分說明聯準會已意識到貨幣目標的制定與實現存在困難，並且對制定與實現目標的意義產生了懷疑。

1982 年 2 月 1 日至 2 日的 FOMC 會議提到，從 1980 年第四季度到 1981 年第四季度，M1B 的增長率約為 2.25%，比其展望的 1982 年的 M1B 目標範圍下限低 1.25%，由於認為 M1A、M1B 的劃分沒有實質性的意義，FOMC 決定放棄 M1A 和 M1B 的匯編，使用 M1、M2、M3 三種貨幣總量衡量標準。

會議指出，由於金融創新和高利率導致現金管理技術的變化，該年 M1 總額的增長相對於名義國民生產總值增長緩慢，M2 和 M3 的年增長率分別為 9.5% 和 11.25%，比其目標範圍上限高出 0.5% 和 1.75%。在考慮 1982 年的幅度時，會議認為委員會在影響貨幣增長的力量方面繼續面臨不尋常的不確定因素。委員會一致認為，從 1981 年第四季度至 1982 年第四季度，

Chapter 3 貨幣供給量
失控的錨地

M1、M2 和 M3 的增長幅度將分別在 2.5% 至 5.5%、6% 至 9% 和 6.5% 至 9.5% 的範圍內進一步推進，這一目標範圍基本與上年度一致。

中央銀行能控制基礎貨幣的發放，但預測不了市場的貨幣需求，也預測不了市場的貨幣創造，貨幣基金、大額存單（Certificate of Deposit, CD）等更多的貨幣品種隨著金融創新的發展而創設出來並得到擴張。1981 年 M1、M2、M3 的實際增速均落在了貨幣目標範圍之外，M2、M3 均超過了貨幣目標上限。在討論 1982 年貨幣增長幅度時，委員會認為有必要維持對抑制貨幣及信貸增長這一長期目標的承諾，從而進一步降低通貨膨脹率，並為恢復經濟穩定及產出持續增長提供基礎。由於沒有新的貨幣理論來指導貨幣政策操作，委員會認為貨幣緊縮抗通貨膨脹依然是重要任務，因而，基本維持了上年度的貨幣目標，維持 M2、M3 的貨幣目標範圍不變。

在 1982 年 12 月 20 至 21 日的 FOMC 會議上，委員會一致認為，鑒於 M1 指標和其他因素的基期相對較低，貨幣和信貸總額在所指幅度頂部的增長是可以接受的，如果鑒於目前的經濟不確定因素，貨幣和流動性的異常預防性需求明顯，它將在一段時間內容忍略高於目標的增長。委員會早些時候還表示，暫時計劃在 1983 年繼續維持目前的範圍。FOMC 對貨幣總量

我們與億的距離
鈔票的真實價值，以貨幣儲備定錨

「容忍略高於目標的增長」，並不再熱衷於貨幣目標範圍的制定，而是連續幾年基本維持了以前年度的目標範圍，儘管這些目標屢屢得不到實現。由此可以看出，FOMC 意識到貨幣目標的實現存在困難，正在逐漸放棄貨幣目標。

1983 年 2 月 8 日至 9 日的 FOMC 會議為 M1 確定了 1982 年第四季度至 1983 年第四季度增速 4% 至 8% 的暫定範圍，1983 年 7 月 12 日至 13 日的 FOMC 會議委員會商定了 1983 年第四季度至 1984 年第四季度 M2 和 M3 的暫定增長幅度，分別為 6.5% 至 9.5% 和 6% 至 9%，M1 的增長幅度維持不變。在執行貨幣政策時，委員會一致表示，將繼續對更廣泛的貨幣總量的表現給予很大的重視。FOMC 對 M1、M2、M3 的增速給出的都是暫定範圍，此時的 FOMC 與其說是在制定貨幣總量增速目標，不如說是在預測貨幣總量增速。並且，FOMC 意識到無論是 M1、M2 還是 M3，都無法完整統計貨幣總量，或者說 FOMC 根本無法說清楚什麼是完整的貨幣總量，更不用說進行完整的統計了，市場有無數種貨幣創造的可能，並且不受聯準會的控制。

1983 年 12 月 19 日至 20 日的 FOMC 會議提到，聯邦公開市場委員會力求創造貨幣和金融條件，幫助進一步降低通貨膨脹，促進可持續的產出增長，並促進可持續的國際交易模式。

Chapter 3 貨幣供給量
失控的錨地

在 7 月的會議上，委員會重新審議了早先為實現這些目標而為 1983 年確定的貨幣和信貸總額的增長幅度，並確定了 1984 年的暫定幅度。委員會認識到，這些範圍與最終經濟目標之間的關係已變得不那麼可預測。FOMC 控制貨幣總量的最終目的，是要實現物價穩定、經濟增長、國際收支平衡，然而，貨幣總量的變化與這些最終目的似乎並沒有可循的規律，因此，FOMC 不得不懷疑繼續實施貨幣目標的必要性。不過，貨幣目標的制定與審查並沒有停止，直到 21 世紀的第一年。

2000 年 2 月 1 日至 2 日的 FOMC 會議只提到 M2 和 M3 的增長幅度，然而，早在 1988 年，FOMC 會議就放棄了 M1 目標。1980 年底，聯邦基金利率達到頂峰，此後開始下行，直到 2008 年金融危機期間下降到零附近。聯邦基金利率中樞的下行期，M1 出現大幅劇烈的波動，波動幅度遠遠超過 M2 與 M3。M1 的劇烈波動使得其貨幣目標的制定與實現更為困難，同時也使得聯準會發現這一指標的劇烈波動與其他經濟指標之間的變化似乎沒有必然的聯繫。1986 年 2 月 11 日至 12 日的 FOMC 會議確定了從 1985 年第四季度到 1986 年第四季度的貨幣增長幅度。關於 M1，委員會認識到，根據最近幾年的經驗，這一總量的表現在經濟活動和價格方面有很大的不確定性，除其他影響因素外，主要取決於它對利率變化的反應。委員會同意在現有

我們與億的距離
鈔票的真實價值，以貨幣儲備定錨

情況下 M1 適當的目標範圍是 3% 至 8%，但打算根據其與其他貨幣總量的一致性、經濟和金融市場的發展以及潛在的通貨膨脹壓力來評估 M1 的變動。M2 的目標值為 6% 至 9%，M3 為 6% 至 9%。從 1986 年 2 月 11 日至 12 日的 FOMC 會議可以看到，M1 目標的重要性已經下降。1987 年 2 月 10 日至 11 日的 FOMC 會議，在委員會討論結束時，所有成員都表示贊成或可以接受 7 月份暫時通過的 M2 和 M3 的幅度和債務總額的監測範圍。1987 年將不確定 M1 增長的數值範圍，但 M1 的發展將在新出現的經濟和金融狀況以及更廣泛的貨幣總量表現的背景下得到認真的評估。在某些情況下，在這一年中，M1 可能再次成為明確的目標，連同 M2 和 M3 為貨幣政策的短期實施提供一個指南。1988 年，M1 目標被徹底放棄，在 1988 年 2 月 9 日至 10 日的 FOMC 會議上，沒有成員支持 1988 年重建 M1 的目標範圍，但有幾個成員贊成對這一總量使用監測範圍。會議指出：「近年來，M1 的表現對利率等因素的變化變得非常敏感，其速度的劇烈波動反應了這一點。要解釋 M1 增長與經濟表現之間的關係仍然特別困難。鑒於其不可預測的表現，M1 的狹窄區間很容易引發貨幣政策對經濟意外發展的不當反應。」最終，會議沒有設定 M1 的任何區間。

本書曾將不同統計口徑的貨幣總量比喻成中央銀行在大海中

Chapter 3 貨幣供給量
失控的錨地

圈定的不同範圍的錨地，錨地範圍越狹窄，裡面停靠的貨幣船越受中央銀行直接影響，錨地範圍越廣泛，中央銀行的影響力越弱。受中央銀行貨幣政策影響最大的是狹義貨幣量，廣義貨幣量受到實體經濟以及其他機構和個人貨幣創造的更多影響。由於中央銀行貨幣政策的劇烈調整，M1 發生了劇烈波動，而 M2、M3 的波動則要平穩許多。與實體經濟指標相關的是廣義的整體的貨幣量，而不僅僅是狹義的部分的貨幣量，因此，M1 的劇烈波動使其與實體經濟指標的相關性大大減弱，廣義的整體的貨幣量則更多受到實體經濟的影響，與實體經濟指標的相關性自然更大。M1 雖然受貨幣政策的影響而劇烈波動，但由於其與實體經濟指標的相關性不高，使得中央銀行通過影響 M1 來影響經濟的預期落空，中央銀行不得不放棄了 M1 目標；廣義的貨幣量儘管更多受到實體經濟的影響，與實體經濟指標的相關性較高，但受中央銀行貨幣政策的影響較小，中央銀行通過影響 M2、M3 等來影響經濟的意圖同樣無法實現，因此，在放棄 M1 目標後，廣義的 M2、M3 貨幣目標同樣遭到了中央銀行的放棄。

2000 年 2 月 1 日至 2 日的 FOMC 會議提到，聯邦公開市場委員會尋求貨幣和金融條件，以促進價格穩定和促進產出的可持續增長。為推進這些目標，委員會在這次會議上確定了 M2

我們與億的距離
鈔票的真實價值，以貨幣儲備定錨

和 M3 的增長幅度，分別為 1% 至 5% 和 2% 至 6%，從 1999 年第四季度到 2000 年第四季度，國內非金融債務總額的增長幅度為 3% 至 7%。貨幣總量的表現將繼續根據其速度的變化和價格、經濟和金融市場的發展情況進行評估。然而，幾個月後，FOMC 明確表示放棄貨幣總量目標。

2000 年 6 月 27 日至 28 日的 FOMC 會議指出：「與以前的做法不同，委員會在這次會議上沒有確定 2000 年和 2001 年貨幣和債務增長幅度。有關設定和公布這類幅度的法律規定最近已經過期，成員們不認為這些幅度目前在制定貨幣政策方面發揮了有益的作用。由於貨幣和債務速度的不確定性，這些範圍多年來沒有為貨幣政策的執行提供可靠的基準。」然而，委員會認為，這些總量的表現為衡量經濟和金融狀況保留了價值，應繼續監測這種表現。此外，委員會成員強調，他們將繼續定期審議與其長期貨幣政策戰略有關的問題，即使他們不再為貨幣和債務總額設定幅度。

貨幣供給量到此徹底畫上了句號。回顧貨幣供給量的實施過程，對於以怎樣的貨幣總量增長速度作為貨幣儲備，FOMC 成員之間曾存在諸多爭議與疑問，難以給出明確的有說服力的結論。儘管聯準會最終制定了明確的貨幣總量增速目標的數值區間，然而，對於這一數值區間是如何得來的，聯準會從未給出

Chapter 3 貨幣供給量
失控的錨地

過邏輯清晰、依據充分的理由。這一目標區間範圍較大且頻繁地被調整，FOMC 常常根據新的經濟條件重新考慮這些目標的範圍，並且，除了為了促進價格穩定與產出可持續增長等貨幣政策最終目標的定性的模糊的說辭，對為何給出這樣的範圍和如何確定調整的幅度沒有做出合理的解釋。貨幣總量增速目標不僅被不斷調整，也不斷地被現實所打破，高於或低於目標區間範圍的情況時有發生，從未得到準確的實現。經過反覆的貨幣政策實踐，聯準會不得不承認，貨幣總量目標對貨幣政策沒有任何意義，貨幣總量增速僅僅是一項經濟觀察指標。

我們與億的距離
鈔票的真實價值，以貨幣儲備定錨

失靈的舵

　　貨幣總量的統計、擴張速度的設定，最終目的是為了實現貨幣總量按設定的擴張速度擴張。無論貨幣總量的統計是否合理、擴張速度的設定是否合理，中央銀行要實現貨幣總量按設定的擴張速度擴張，必然需要採取一定的貨幣政策操作措施。

　　儘管貨幣供給量沒能成功控制貨幣船隊的規模，聯準會也意識到沒有能力控制貨幣船隊的規模，甚至即使控制成功了也沒有意義，聯準會最終放棄了貨幣供給量，徹底否定了貨幣總量目標的有效性，但回顧貨幣供給量的實施過程，或許能從中發現有價值的線索。

　　貨幣供給量試圖控制貨幣船隊規模以設定的速度擴大，那麼，如果貨幣船隊規模擴大得太快，中央銀行就要想辦法將貨幣船隊的規模縮小一點；如果貨幣船隊規模擴大得太慢，中央銀行就要想辦法將貨幣船隊的規模擴大一點。聯準會如何來調整貨幣船隊的規模呢？除了直接往錨地投放與回收船隻，聯準會還通過調整利率來控制進入錨地的船隻數量。船舵是船舶上用於改變或保持航行方向的重要裝置，利率就像是聯準會控制貨幣船駛往錨地的舵。為了讓設定數量的貨幣船抵達錨地，船

Chapter 3 貨幣供給量
失靈的舵

舶是該往南開還是往北開,這顯然是個很重要的問題,否則就會南轅北轍越開越遠。聯準會試圖通過調整利率來調整貨幣船駛往錨地的航向,使抵達錨地的貨幣船總量不多不少地正好達到預定的目標。聯準會認為,提高利率就是駕駛船隻駛離錨地,降低利率就是駕駛船隻進入錨地,聯準會未能成功控制合理數量的貨幣船抵達錨地,莫非是舵出了問題導致貨幣船的航向發生了偏離?

利率相當於貨幣船的使用費或船票的價格。聯準會認為,船票價格提高了,人們就會減少和節約貨幣船的使用,這時就不需要那麼多貨幣船了;相反,降低船票價格,人們就會樂意寬鬆地使用更多的貨幣船。因此,聯準會認為以利率為舵來調整進入錨地的貨幣船數量再合適不過。此外,聯準會還認為,如果船票價格提高了,人們使用的船少了,單位船隻運載的貨物就多了,或者說單位貨物使用的貨幣船少了,這時,貨物的價格就是降低的;相反,如果船票價格下降了,人們就會大量使用貨幣船,單位貨幣船承載的貨物少了,或者說單位貨物使用的貨幣船多了,這時貨物的價格就是上升的。所以,如果貨物價格太高,聯準會就認為是船太多了,聯準會就會提高利率減少進入錨地的船隻。用經濟學的語言來說,聯準會的上述邏輯可以簡要概括為「升息貨幣緊縮抗通貨膨脹」,即提高利率可

我們與億的距離
鈔票的真實價值，以貨幣儲備定錨

以緊縮貨幣量，抑制通貨膨脹上升。同樣的道理，降低利率可以寬鬆貨幣量，提高通貨膨脹。

由於需要通過調整利率來調整貨幣總量，在貨幣供給量實施期間，聯準會不僅制定貨幣總量目標，還制定了兩次 FOMC 會議期間可容忍的聯邦基金利率範圍。不過，在貨幣供給量實施期間，利率被作為實現貨幣總量目標的工具，因此儘管制定了利率範圍，但當利率範圍不利於實現貨幣總量目標時，聯邦基金利率往往需要做出讓步，調整利率範圍以維護貨幣總量增長目標的實現。與貨幣總量目標類似，利率範圍區間同樣常常進行較為寬泛且頻繁的調整，並且對於範圍的給定與變動並沒有可計量的、依據充分的理由，而主要是基於委員會成員的主觀判斷。比如 1974 年 12 月 16 日至 17 日的 FOMC 會議指出：「在下一次會議之前，允許每週平均聯邦基金利率有秩序地變化，從最低 7.5%，到必要時高達 9%。委員會力求實現銀行儲備和貨幣市場條件，使未來幾個月的貨幣總額比最近幾個月增長得更快。」1975 年 12 月 16 日的 FOMC 會議提道：「今後的操作應著眼於維持目前的銀行準備金和貨幣市場狀況，條件是貨幣總額以目前預期的速度增長。M1 及 M2 在 12 月至 1 月期間的增長在 4% 至 7% 和 7% 至 10% 的容忍範圍內的年度增長率是可以接受的。據設想，在下次會議之前，聯邦系統操作的目

Chapter 3 貨幣供給量
失靈的舵

標將是使聯邦基金每週平均利率維持在目前的 5.25% 的水準，除非貨幣總額的增長率似乎大大偏離其規定範圍的中點。」

聯準會通過調整利率來調整貨幣量的路徑是「升息貨幣緊縮抗通貨膨脹」，關於「升息貨幣緊縮」的表述，我們可以在 FOMC 的會議記錄中反覆看到。比如 1978 年 12 月 19 日的 FOMC 會議記錄如下：「在下一次常會之前的一段時間內，聯邦系統公開市場操作的目的是實現聯邦基金每週平均利率略高於目前水準。隨後，應將每週平均聯邦基金利率維持在 9.75% 至 10.5% 的範圍內。在決定聯邦基金利率的具體目標時，應主要以 12 月至 1 月 M1 和 M2 年增長率的最新估計數與以下容忍範圍為指導：M1 在 2% 至 6% 之間，M2 在 5% 至 9% 之間。如果給予 M1 和 M2 大致相等的權重，其增長率似乎明顯高於所指幅度的中點，則聯邦基金利率的目標應在其範圍內有序地提高；如果它們的增長率似乎接近規定幅度的下限，則應在其範圍內有序地降低聯邦基金利率。」FOMC 認為，如果貨幣增長太快，就應提高聯邦基金利率緊縮貨幣，如果貨幣增長太慢，就應降低聯邦基金利率寬鬆貨幣。關於「貨幣緊縮抗通貨膨脹」的表述，同樣可以在 FOMC 的會議記錄中反覆看到，比如 1971 年 8 月 24 日的 FOMC 會議記錄如下：「委員會認為，在最近 M1 迅速增長的背景下，此時貨幣市場狀況的公開緩和可能會重

我們與億的距離
鈔票的真實價值，以貨幣儲備定錨

新點燃通貨膨脹預期，從而抵消 1971 年 8 月 15 日總統宣布的新經濟計劃對信心的有利影響。委員會同意，公開市場操作應繼續著眼於在今後幾個月內實現貨幣總額的增長率，遠遠低於近幾個月的快速增長率。」由於擔心貨幣的增長會帶來通貨膨脹的上升，因此，FOMC 認為應該貨幣緊縮。

1973 年 1 月 11 日，總統宣布了 1971 年 8 月啟動的經濟穩定計劃的第三階段，並要求立法授權將該計劃再延長一年，以減少通貨膨脹，減少失業，並提高國家在世界貿易中的競爭地位。關於通貨膨脹，總統制定了一項目標，即在 1973 年年底之前進一步將物價的總體增長率降至 2.5% 或更低。由於 1972 年 CPI 在經過兩年的連續下降後到達低位，1972 年 6 月 CPI 同比增速一度降至了 2.7% 的短期最低點，這使得經濟穩定計劃提出的 2.5% 的目標看似很有希望。然而，1973 年，CPI 同比增速從年初的 3.4% 大幅上升至年末的 8.7%，離經濟穩定計劃的 2.5% 的目標不僅沒有更近反而更遠了。這一年，M1、M2 同比增速都出現了大幅下行，而聯邦基金利率大幅上行，從年初的 5.5% 上升到年末的 9.83%，在 7 月份和 8 月份甚至達到了 11.22% 的高位。儘管表面上看，「升息貨幣緊縮」的操作似乎成功了，利率的大幅上升的確與 M1、M2 同比增速的大幅下降同時出現，然而通過貨幣緊縮來達到控制通貨膨脹的目的顯然

Chapter 3 貨幣供給量
失靈的舵

事與願違,雖然 M1、M2 同比增速大幅下降了,但 CPI 同比增速卻大幅上升了。進一步觀察會發現,1973 年工業生產指數同比增速大幅下降,與 M1、M2 的同比增速下降幾乎同步,四季度失業率從下降轉向上升,M1、M2 增速的下降主要由於低迷的實體經濟所導致,而不是升息的成果。大幅升息的操作,造成了實體經濟的更大損失與勞動力的更多失業。在 1977 年至 1980 年的劇烈升息中,實體經濟生產與就業受到的打擊更為明顯。

「升息」真的能「貨幣緊縮」嗎?如果我們觀察更長時期的數據會發現 1962—1982 年的利率中樞上升期對應的是 M2 同比增速的中樞上行期,同樣,1982—1992 年的利率中樞下降期,對應的是 M2 同比增速的中樞下行期。1982 年以前,M2 與聯邦基金利率主要為反向變動關係,1982 年以後,M2 與聯邦基金利率主要為同向變動關係。再看 M1 與聯邦基金利率的變動,從 1965—2005 年的數據我們可以看到,聯邦基金利率與 M1 的走勢僅在 1985—2000 年的 15 年間表現出較強的反向變動特徵,其餘大部分時間我們都很難將「升息」與「貨幣緊縮」簡單對應起來,並由此得出「升息貨幣緊縮」的結論。此外,M2 同比增速與美元指數有較大的同向變動特徵,在開放經濟中,貨幣總量不僅僅受本國貨幣需求影響,更不用說僅僅對應本國的產

我們與億的距離
鈔票的真實價值，以貨幣儲備定錨

出增長了。

「升息貨幣緊縮」並不成立，「貨幣緊縮控通貨膨脹」同樣無法成立，1982—2012 年，M1 同比增速在 -5% 至 20% 之間大幅劇烈波動，而 CPI 同比增速基本維持在 0 至 5% 之間，並且 M1 增速與 CPI 增速並沒有明顯的同向變動特徵，反倒表現出一定的反向變動特徵。而 M2 與 CPI 的走勢，儘管 1962—1982 年的 CPI 中樞上升期勉強對應 M2 同比增速的中樞上行，1982—1992 年的 CPI 中樞下降期對應 M2 同比增速的中樞下行，1982—2018 年，M2 同比增速主要波動在 0 至 10% 之間，CPI 同比增速主要波動在 0 至 5% 之間，但 M2 同比增速的變動並不對應 CPI 同比增速的正向變動，在部分年度，比如 1965 年至 1985 年甚至表現為反向變動。

布列頓森林體系解體以後，1971—1980 年，黃金價格飛漲，與此同時，美國通貨膨脹嚴重。為了控制通貨膨脹水準的過快上漲，聯準會試圖控制貨幣總量。然而，持續的升息使得美國聯邦基金利率在 1981 年一度上升到了 20% 以上的水準，貨幣總量卻大幅增長，通貨膨脹水準也大幅走高，「升息貨幣緊縮」與「貨幣緊縮抗通貨膨脹」的預期並未實現。

Chapter 3 貨幣供給量
極端試驗

極端試驗

　　1977—1983 年期間的升息與降息操作極其劇烈與頻繁，這一極端的利率調整可以說是聯準會一次極端的貨幣政策操作試驗。儘管聯準會在 21 世紀初才徹底放棄了貨幣供給量，但這次重大貨幣政策試驗開啓了貨幣供給量向通貨膨脹目標制的過渡。瞭解 1977—1983 年間聯準會的貨幣政策操作，才能瞭解聯準會從貨幣供給量至通貨膨脹目標制的貨幣政策重大轉向過程，從 FOMC 的會議記錄，我們可以清晰地看到當時的經濟背景及聯準會的貨幣政策決策過程。

　　1979 年 10 月，聯邦基金利率已進入歷史高位，10 月 6 日，聯準會宣布了一系列補充行動，旨在確保對貨幣和銀行信貸擴張的控制，以及遏制包括外匯市場在內的大宗商品和金融市場的投機過度行為。這些行動包括將聯邦儲備銀行貼現率從 11% 提高到 12%，對成員銀行、外國銀行的美國機構等增加準備金要求，以及在公開市場操作方面更多地強調銀行儲備的供應，而不太強調限制聯邦基金利率的短期波動。

　　1979 年第四季度，FOMC 注意到，該季度商品和服務的實際產出正在下降，而平均價格仍在快速上漲。在 1979 年 11 月

我們與億的距離
鈔票的真實價值，以貨幣儲備定錨

20 日的貨幣政策會議上，委員會一致認為，在 1979 年剩餘時間進行公開市場操作時，應繼續限制銀行準備金的擴大，以實現委員會減緩 M1、M2 增長的目標，在下一次常會之前，每週平均聯邦基金利率保持在 11.5 至 15.5% 的範圍內。

由於聯準會急於控制貨幣總量目標並且堅信升息貨幣緊縮可以抗通貨膨脹，因而對利率的波動給予了較高的容忍度，頻繁升息導致了利率的急遽攀升。產出下降環境下的物價大幅上漲，更使得聯準會急於升息貨幣緊縮以達到貨幣緊縮控制通貨膨脹的目的。然而，並非如聯準會所預期的是，儘管 1979 年貨幣供給量增速沒有出現大幅上升，CPI 卻出現了急遽上升。

1980 年初，聯準會依然在高度關注貨幣總量目標，為實現貨幣總量目標進行了持續和劇烈的升息，從 1980 年 2 至 3 月，短短一個多月的時間，聯準會就將每週平均聯邦基金利率的範圍從 11% 至 15% 之間調整到了 13% 至 20% 之間。1980 年 2 月 4 至 5 日的貨幣政策會議，儘管聯準會開始意識到了貨幣總量與其他經濟指標之間關係的不確定性，但依然沿用了「貨幣緊縮抗通貨膨脹」的邏輯，因而繼續了「升息貨幣緊縮」的貨幣政策操作，確定在下次常會之前，每週平均聯邦基金利率目標範圍保持在 11% 至 15% 之間。2 月 22 日的會議之後，數據表明 M1A 和 M1B 在 2 月份以快速的速度增長，對銀行儲備的

Chapter 3 貨幣供給量
極端試驗

需求大大增強，聯邦基金利率已升至 15% 左右，成員銀行借款也有所增加。為了使國內操作經理在這種情況下有更多的行動空間，沃爾克主席建議將聯邦基金利率 11.5% 至 15.5% 的上限臨時提高到 16.5%。在截至 3 月 5 日的一週聲明中，聯邦基金利率上升至略高於 16.125% 的平均水準，會員銀行貸款進一步擴大至每日平均約 20 億美元。3 月 6 日，聯邦基金的交易利率一般在 17% 左右，儘管聯邦系統提供了大量儲備，經理建議，在他看來，在現有的 16.5% 的上限以上需要額外的回旋餘地，以實現儲備目標的操作靈活性。下午晚些時候，沃爾克主席建議將聯邦基金利率的會期上限提高到 17.5%。在 3 月 7 日下午舉行的電話會議上，委員會投票決定將聯邦基金利率的上限提高到 18%，以便在實現儲備目標方面提供更大的操作靈活性。1980 年 3 月 18 日的 FOMC 會議進一步確定，在下一次定期會議之前，每週平均聯邦基金利率保持在 13% 至 20% 的範圍內。

從貨幣目標的實現情況看，1978 年 M2 同比增速降至 8% 附近，此後一直至 1980 年末，M2 同比增速始終在 8% 附近徘徊，落在了 6% 至 9% 的目標範圍之內，1981 年超過目標範圍的上限。M1 同比增速自 1978 年上升至 8% 附近，此後一直到 1980 年初，在 8% 附近徘徊，高於目標範圍的上限。1980 年 3 至 6 月，M1 同比增速下行，6 月下行至 4.14% 的較低水準，

我們與億的距離
鈔票的真實價值，以貨幣儲備定錨

短暫的幾個月位入目標範圍之內，但於 1980 年第四季度又回升到目標範圍的上限以上。1977—1980 年的急遽升息期以及 1980—1982 年的高利率時期，工業生產指數長期徘徊在負增長區間，且失業率持續上升，急遽升息對 M1、M2 目標的達成似乎起到了一定的作用，但付出的代價是慘重的，並且維持目標幾乎不可能，聯準會試圖「升息貨幣緊縮」，但如此劇烈的升息並沒有看到貨幣總量增速的顯著下降。1980 年以前為實現貨幣目標而實施的系列行動並沒有帶來物價的穩定與經濟的增長，反而帶來了通貨膨脹的大幅上升、失業率的節節攀升、經濟的急遽下行。1980 年開始，聯準會已意識到貨幣總量的增速與經濟增速的關係越來越不確定，對貨幣供給量的有效性產生了懷疑，因而逐漸降低了對達成貨幣目標的重視，更多地關注市場利率、物價等的變化，從而使得 1981 年後利率中樞經歷了長期持續的下調。

在 1980 年 3 月聯邦基金利率達到高點以後，隨後經過了幾個月的下行。1980 年 4 月 22 日的 FOMC 會議認為，如果在下一次常會之前，每週平均聯邦基金利率保持在 13% 至 19% 之間，則 M1A 和 M1B 的增速分別為 4.5% 和 5% 或更低。5 月 6 日，委員會舉行電話會議，判斷當時數據表明，對貨幣的需求及其對儲備的需求仍然疲弱。當時的聯邦基金利率已降至原定

Chapter 3 貨幣供給量
極端試驗

的 13% 至 19% 的目標區間的下限 13% 以下,委員會投票決定將會議間聯邦基金利率的目標範圍下限降低到 10.5%,並於當日修改了 1980 年 4 月 22 日會議通過的國內政策指示,將聯邦基金利率的下限降低到 10.5%。

1980 年 7 月 9 日的 FOMC 會議指出,市場利率在 5 月底和 6 月份上半月進一步大幅下降,但自那時以來,大多數利率已經追溯部分下行。5 月 28 日和 6 月 12 日,聯準會宣布將貼現率同步下調,從 13% 降至了 11%。會議確定在下次常會之前,每週平均聯邦基金利率保持在 8% 至 14% 之間。8 月與 9 月的 FOMC 會議維持每週平均聯邦基金利率保持在 8% 至 14% 之間的決定。

1980 年 10 月 21 日 FOMC 會議提到,商業銀行信貸在 8 月和 9 月的擴張相對較快。總的來說,自 9 月中旬以來,短期市場利率大幅上升,而長期利率變化不大,住房抵押貸款平均利率繼續上升。9 月 25 日,聯準會宣布將貼現率從 10% 提高到 11%。會議確定,為實現貨幣總量目標,在下一次常會之前,每週平均聯邦基金利率在 9% 至 15% 之間。隨著市場利率的進一步上行,1980 年 12 月 18 至 19 日的 FOMC 會議將實現貨幣目標的聯邦基金利率提高到 15% 至 20% 的範圍內。

1980 年後,由於降低了對貨幣目標的重視,為實施貨幣供

我們與億的距離
鈔票的真實價值，以貨幣儲備定錨

給量而進行的主動劇烈的升息與降息減少，貨幣政策利率跟隨通貨膨脹率與市場利率的變化作了被動滯後調整。無論是 1980 年 7 月 9 日的 FOMC 會議提到的下調貼現率還是 1980 年 10 月 21 日的 FOMC 會議提到的上調貼現率等，以及聯邦基金利率範圍的調整，很大一部分是跟隨市場利率變化對貨幣政策利率進行的滯後調整。

1981 年初，市場利率出現了觸頂回調。1981 年 2 月 2 至 3 日的 FOMC 會議指出，在閉會期間，市場利率波動很大，但從 12 月中旬的高點算起，市場利率有所下降。在這次會議上，短期利率從 12 月份的峰值下降了 2.25% 至 4.5%，長期利率下降了 0.5% 至 1%。在閉會期間，商業銀行對短期商業貸款收取的最優惠利率提高到創紀錄的 21.5%，隨後降至 20%。在住房抵押貸款市場，儲蓄和貸款組織固定利率貸款的平均利率在 12 月下旬達到 14.95%，隨後幾周略有回落。由於市場利率趨勢尚不明朗，1981 年 2 月 2 至 3 日的 FOMC 會議維持聯邦基金利率在 15% 至 20% 的範圍內。1981 年 3 月 31 日的 FOMC 會議則確定在下一次會議之前的一段時間內，與貨幣目標一致的聯邦基金利率在 13% 至 18% 的範圍內出現波動。

市場利率的下行是聯準會決定下調貨幣政策利率的重要影響因素，通貨膨脹率的下行同樣影響著聯準會的貨幣政策利率

Chapter 3 貨幣供給量
極端試驗

決策。CPI 同比增速早在 1980 年 3 月達到頂峰後就開始下行，一直下行到 1983 年的下半年，中間幾乎沒有出現反彈。這使得聯準會不再需要實施「升息貨幣緊縮抗通貨膨脹」的措施。1983 年下半年，通貨膨脹率在下行過程中出現了反彈，1984 年 3 月 26 至 27 日的 FOMC 會議，委員一致認為，「在貨幣總額大幅增長的情況下，對儲備條件施加更大的限制是可以接受的，但如果貨幣增長明顯放緩，則可以接受較少的限制。在這兩種情況下，是否需要或多或少的限制，也將在與業務擴張持續強勁、通貨膨脹壓力和信貸總額增長率有關的發展背景下進行評估。會議商定，聯邦基金利率的會議間範圍將提高到 7.5% 至 11.5%。」從會議記錄可以看到，貨幣總額目標的重要性已下降，聯準會更多地通過綜合通貨膨脹壓力、經濟增長等其他經濟指標來進行貨幣政策決定。在通貨膨脹率上行的環境下，聯準會試圖升息，不過，通貨膨脹率在短暫的反彈之後很快就出現了下行，聯邦基金利率也隨之下行。

我們與億的距離
鈔票的真實價值，以貨幣儲備定錨

「災」後重建

極端試驗最重要的意義在於總結經驗、吸取教訓，從而提高貨幣政策管理水準，讓貨幣更好地服務於實體經濟的發展。這次極端試驗總結出了兩條重要的經驗教訓，一是穩定貨幣增速對經濟增長、充分就業、物價穩定沒有積極意義，二是劇烈的利率調整會對實體經濟造成災難性的打擊。

1977—1983 年的這一輪利率波動與以往有很大的不同，聯準會經歷了歷史上最嚴重的通貨膨脹之一，自聯準會 1913 年成立以來，同樣嚴重的通貨膨脹只在隨後爆發的第一次世界大戰期間發生過。1977—1980 年為利率與通貨膨脹的大幅上升期，而 1981—1983 年則為利率與通貨膨脹的大幅下降期。劇烈的利率調整導致了美國歷史上罕見的實體經濟長期調整，工業生產指數從 1979 年中一直下行至 1982 年底，與此同時，失業率大幅上行，1982 年 12 月失業率達到 10.8% 的歷史頂峰，類似的高失業率發生在 2008 年金融危機的大降息之後，2009 年 10 月，失業率達到 10% 的高位，這是美國 21 世紀以來的最高失業率數據，兩個時期的高失業率都同時對應了利率的大幅調整與工業生產指數的大幅下調。

Chapter 3 貨幣供給量
「災」後重建

　　聯準會也意識到了劇烈的利率調整給經濟帶來的災難，1980 年 12 月 18 至 19 日的貨幣政策會議記錄指出：「假設貨幣擴張符合委員會的長期目標，除非在降低通貨膨脹方面取得進展，否則復甦可能是有限的。與會者強調必須處理深層次的通貨膨脹問題，同時也強調了在不接受短期內經濟表現不令人滿意的風險的情況下這樣做的困難。人們普遍認識到，經濟活動的過程仍然難以預測，因為基於通貨膨脹預期的行為是不可預測的，而且將於 1 月 20 日就職的新政府的財政和其他經濟政策存在不確定性。」從上述會議記錄可以看到，FOMC 注意到當時實施的貨幣政策對經濟的負面影響，但又不得不處理惡性通貨膨脹，由於不清楚通貨膨脹劇烈上升的原因，因而將其歸咎於通貨膨脹預期等貨幣政策以外的因素，對如何控制通貨膨脹，聯準會依然採取的是「升息抗通貨膨脹」的方式。

　　不過，經過前期的極端試驗，聯準會從史無前例的巨大利率調整與經濟災難中吸取了經驗教訓，發現了貨幣目標並非如預想的好控制和有意義以及急遽的利率調整不利於經濟的改善。1980 年開始，聯準會就意識到了貨幣總量的增速與經濟增速的關係越來越不確定，因而逐漸降低了對達成貨幣目標的重視，此後聯準會依然在調整利率，但更多地關注市場利率與物價波動等其他經濟變量，而不是貨幣目標，因而在通貨膨脹下行、

我們與億的距離
鈔票的真實價值，以貨幣儲備定錨

經濟增速下行、市場利率下行的環境下逐漸停止了升息貨幣緊縮抗擊通貨膨脹的努力，順應市場利率的下行降低了貨幣政策利率以及採取了降息寬鬆貨幣刺激經濟增長與維護金融穩定的措施。與「升息抗通貨膨脹」的邏輯並不一致的是，1980 年代開始的利率大幅降低不僅沒有帶來通貨膨脹的上升，反而可以看到通貨膨脹水準下降了，並且廣義貨幣供給量增速也出現了一致的下行。自布列頓森林體系解體後，聯準會抗擊通貨膨脹的努力持續了十多年，終於走出了惡性通貨膨脹的陰影。

　　由於聯準會從極端的升息降息操作中吸取了經驗教訓，否定了貨幣供給量的意義，因而在貨幣總量急遽上升的環境下，聯準會也不再升息貨幣緊縮，這大大減少了經濟的異常波動，有利於實體經濟恢復正常發展。1983 年以後，M2 增速中樞下行，但 M1 增速出現了劇烈波動。1986 年 12 月，工業生產指數同比增速僅為 1.2%，CPI 同比增速僅為 1.1%，M1 同比增速卻上升到了 16.82%，聯準會觀察到 M1 的波動與實體經濟的波動相關性越來越小，從 1987 年開始就不再制定 M1 的增速目標，這意味著聯準會正在放棄當初穩定貨幣增速放任利率波動的政策思路，轉而放任貨幣增速的波動，貨幣供給量實質上正在被放棄。

　　1987 年開始通貨膨脹上升，與此同時，聯邦基金利率上升。

Chapter 3 貨幣供給量
「災」後重建

1988 年工業生產指數同比增速下降，1989 年下半年部分月份甚至出現了負增長，聯邦基金利率於 1989 年開始下行，儘管通貨膨脹持續上升到 1990 年，但在疲軟的經濟環境下，聯準會並沒有如往常一樣採取升息抗通貨膨脹的措施。1990 年日本股市暴跌，1991 年日本房地產危機爆發，日本利率大幅下行，美國聯邦基金利率在此期間也大幅下行，與此同時，CPI 也大幅下行，1983 年的下半年之後直至 2019 年的今天，美國 CPI 年同比增速基本維持在了 5% 以下。

由於市場利率隨經濟週期的波動而波動，因此，當貨幣政策利率跟隨市場利率的變化而滯後調整時，貨幣政策利率週期與產出週期會出現較大的同向變動特徵。而力度較大的主動升息、降息會導致利率大幅偏離產出週期或出現陡峭而急遽的大幅上升與下降。1977—1983 年的升息與降息週期就受到了力度較大的主動升息、降息影響，大幅度的劇烈升息與降息在美國歷史上是極其罕見的，有較長一段時間急遽的利率波動與工業生產指數的變化出現了很大的背離。受聯準會的主動升息影響，1977—1980 年的大幅度升息，是工業生產指數同比大幅下行環境下的長期大幅升息。

從貨幣政策利率與其他經濟數據之間的關係變化我們可以清晰地看出，1980 年是聯準會貨幣政策的重要分水嶺。1980 年前

我們與億的距離
鈔票的真實價值，以貨幣儲備定錨

的近三十年時間裡，貨幣總量增速與工業生產指數增速有較大同向變動特徵，聯邦基金利率與工業生產指數增速較少出現同向變動；而1980年以後的三十年，聯邦基金利率與工業生產指數增速大部分時間都表現為同向變動，貨幣總量增速則較少與產出增速發生同向變動了，可見，1980年以後，聯準會更為重視市場環境的變化而不是貨幣總量的變化，各項經濟數據也表明，1980年以後的貨幣政策更符合實體經濟規律。從1980年代開始，直至2008年金融危機爆發前，貨幣政策利率與產出增速均表現出了方向較為一致的波動。

「升息抗通貨膨脹」的措施直至2019年的今天依然被廣泛執行，但在這次極端試驗之後，利率的調整較以往越來越溫和，不同於以往貨幣政策利率領先於通貨膨脹率變化的情況，貨幣政策利率常常滯後於通貨膨脹率變化，並且利率變化的幅度較以往要低得多。

Chapter 3 貨幣供給量
航程中的誘惑

航程中的誘惑

　　讓合理數量的貨幣船抵達錨地使貨幣船隊規模以預期的速度增長,是貨幣供給量實施期間的主要任務,不過,在貨幣船駛往錨地的過程中,也常常受到形形色色的誘惑因而導致了貨幣船航向的偏離。匯率就是重大的誘惑之一。

　　除了「升息貨幣緊縮」與「貨幣緊縮抗通貨膨脹」,直到今天,「升息提高本國貨幣的外匯價值抗資本外流」的觀點依然被經濟學界與金融界廣泛採用。1970年代聯準會的大升息行動,與這一觀點有著很大的關係。1977—1983年期間劇烈的利率波動不僅僅與貨幣供給量的實施有關,外匯政策也是影響貨幣政策利率的重要因素。

　　在1977年1月17日至18日的FOMC會議之前一段時間內,十國集團和瑞士的中央銀行代表正在討論有關英國中央銀行官方英鎊餘額的中期備用信貸安排。與此同時,美國財政部和聯邦儲備系統的官員一直在考慮美國參與這一安排。

　　正如1月10日宣布的那樣,國際結算銀行(Bankfor Interna-tional Settlements)、英格蘭銀行(Bankof England)和包括聯準會(Federal Reserve System)在內的

我們與億的距離
鈔票的真實價值，以貨幣儲備定錨

其他一些中央銀行的代表在瑞士巴塞爾舉行的一次會議上，原則上達成了 30 億美元貸款協議。美國的占 10 億美元，將通過聯邦儲備系統和美國財政部的外匯穩定基金提供。在這次會議上，委員會批准了在巴塞爾達成的協議以及與財政部達成的聯準會與財政部共同參與的安排。「巴塞爾協定」的目的是幫助英國有序地減少英鎊的儲備貨幣作用，從而避免過去因官方英鎊餘額波動而對國際貨幣體系造成的那種動盪。與此同時，美國計劃提高美元的儲備貨幣作用。

在 1977 年 1 月 17 日至 18 日的 FOMC 會議中，會議記錄顯示，與會者一致認為在下次會議之前，預計周平均聯邦基金利率可能會在 4.25% 至 5% 的範圍內有序變化。如果委員會的各項目標之間出現重大不一致之處，主席可要求委員會在下次排定的會議之前考慮是否需要補充指示。而 1976 年 12 月 20 日至 21 日的 FOMC 會議的表述為，「今後一段時期的操作應著眼於維持目前的貨幣市場狀況，包括每週平均聯邦基金利率約為 4.625%。談到 12 月至 1 月期間 M1 和 M2 的年增長率，委員會分別規定了 2.5% 至 6.5% 和 9% 至 13% 的幅度。成員們一致認為，如果總量的增長相對於規定的幅度看來是強勁的或微弱的，那麼預計每週平均聯邦基金利率將在 4.25% 至 5% 的範圍內有秩序地變化。委員會力求在今後一段時間內保持目前

Chapter 3 貨幣供給量
航程中的誘惑

的銀行儲備和貨幣市場狀況，但前提是貨幣總量大約以目前預期的速度增長。」從 1976 年 12 月 20 日至 21 日的 FOMC 會議表述中我們可以看到，保證貨幣總量增長目標的實現是前提條件。而 1977 年 1 月 17 日至 18 日的 FOMC 會議則沒有將貨幣總量目標置於首要的地位，而是提及各項目標之間的一致，這與美元的國際儲備貨幣安排有一定關係，聯準會試圖通過調整利率來調整外匯市場。

在 1977 年 12 月 19 日至 20 日的貨幣政策會議之後，1978 年 1 月 9 日，委員會投票決定將聯邦基金利率的幅度提高到 6.5% 至 7%，並指示經理在今後幾天內將利率提高到 6.75%。這項行動是根據伯恩斯主席的建議採取的。在前兩週，聯邦基金利率平均超過 6.625%，高於 12 月會議確定的 6.25% 至 6.75% 的中點。1977 年 12 月 19 日的貨幣政策會議記錄表示，「年底貨幣市場的壓力影響了匯率，但由於近期外匯市場的不穩定狀況，經理並沒有阻止在區間中點以上的上漲。現有數據表明，在 12 月至 1 月期間，M1 和 M2 的增長率將在 12 月會議規定的範圍內進行。1 月 6 日，就在伯恩斯主席建議採取升息行動之前，考慮到最近外匯市場的混亂對國內和國際經濟的有序擴張構成威脅，聯邦儲備系統理事會批准將貼現率從 6% 提高到 6.5%。在短期內，委員會力求實現大致符合貨幣總額長期波動範圍的銀

我們與億的距離
鈔票的真實價值，以貨幣儲備定錨

行準備金和貨幣市場條件，同時適當考慮到支持美元外匯價值的方案、國內金融市場的發展條件以及與採用自動轉帳服務有關的不確定性。」

1977 年下半年至 1978 年美元指數大幅下行，為支持美元外匯價值，聯準會採取了升息措施，同時，由於 M1 與 M2 的增速高於預先制定的範圍，1978 年聯準會實施了大幅度的「升息貨幣緊縮」的貨幣政策操作。從 1977 年至 1980 年，是美國利率的持續劇烈上升期，聯邦基金利率從 1976 年 12 月的 4.17% 上升到 1980 年 12 月的 22%。1980 年 12 月 18 日至 19 日的 FOMC 會議及 1981 年 2 月 2 日至 3 日的貨幣政策會議，允許聯邦基金利率在 15% 至 20% 的範圍內出現波動，這一範圍是 FOMC 會議允許過的聯邦基金利率的最高範圍。開放經濟使得貨幣總量更不受中央銀行控制，一方面，聯準會要極力控制貨幣總量，另一方面，美元的國際儲備貨幣安排使得聯準會希望通過利率操作來調整外匯市場，兩者共同導致了利率的大幅上升。不過美元指數並沒有因為升息而上行，與之相反的是，我們可以清楚地看到，1981 年開始的利率大幅下行期，卻是對應了美元指數的大幅上行期。

長期來看，實體經濟的發展狀況才是一國償債能力與貨幣幣值的決定性因素，換句話說，一個國家的貨幣是否強勢由這個

Chapter 3 貨幣供給量
航程中的誘惑

國家的經濟實力決定，保證本國經濟的健康發展才是抑制匯率貶值的根本。

貨幣政策操作倘若違背了實體經濟規律、阻礙了實體經濟的發展，一國償債能力與貨幣幣值必然受到損害。一國的貨幣相當於一國的債務憑證，一個沒有償債能力的國家如同一個沒有償債能力的企業，沒有人願意持有他的債務憑證，這個國家的貨幣也就不可能強勢。

我們可以看到，2014 年俄羅斯大幅升息抑制盧布貶值的措施，緊接著的是經濟環境的惡化與盧布更大的貶值。使貨幣最公平、最高效地發揮作用，為實體經濟的平穩健康發展服務，從而促進國家經濟實力的強大，才是貨幣政策的最大價值。

除匯率的因素，大宗商品價格的波動也導致了貨幣船航向的偏離。1977—1983 年期間黃金價格的劇烈波動對經濟環境產生了較大影響，同樣影響了聯準會的貨幣政策操作。1977—1980 年黃金價格大幅上升，1980 年 2 月至 3 月，黃金價格從 1980 年 1 月的高點出現了較大幅度的向下調整，隨後反彈，並於 1980 年 9 月達到頂峰，然後經歷了一年多的大幅下行到達 1982 年中的階段性低點。聯邦基金利率於 1980 年的 4 月至 7 月從 1980 年 3 月的高點向下大幅調整，隨後反彈，並於 1980 年 12 月達到頂峰，然後開啓長期、大幅的降息進程。聯邦基金利率

我們與億的距離
鈔票的真實價值，以貨幣儲備定錨

的變化滯後於黃金價格的變化，而通貨膨脹水準率先於 1980 年 3 月見頂。1979 年 10 月 6 日，聯準會宣布了一系列補充行動，旨在確保對貨幣和銀行信貸擴張的控制，以及遏制包括外匯市場在內的大宗商品和金融市場的過度投機行為。該行動提高了利率，而遏制黃金的過度投機是提高利率的重要原因之一。

　　貨幣應按自身的軌道運行，避免被市場上形形色色的誘惑所左右或支配而脫離自身服務於實體經濟發展的正常軌道，只要貨幣供給的過程是公平合理與杜絕風險損失的且金融監管是健全的，貨幣使用者如何使用貨幣並不在貨幣發行者的控制範圍，如果中央銀行脫離了自身服務實體經濟的軌道，而去追逐市場上的各種誘惑，就很難保證貨幣的正常運行以及服務好實體經濟的平穩健康發展。

Chapter 3 貨幣供給量
有些許委屈的離席

有些許委屈的離席

中央銀行試圖控制錨地的船隻數量，然而，不僅僅是進入這塊錨地裡的貨幣船在承載貨物，這塊錨地以外還有許多貨幣船在承載貨物。並且，甚至連錨地的船隻數量，也不全在中央銀行的控制範圍。貨幣量尤其廣義貨幣量遠非中央銀行所能控制的，產品市場、外匯市場、投資市場等的變化均會影響貨幣市場需求。按照本國產出增速來決定貨幣船的增速顯然不合理，貨幣船並非只承載傳統的工業與農業產品，同樣承載著各種金融產品；貨幣船甚至不只承載本國的產品，也可能承載著其他國家的產品。並且，除了中央銀行生產的貨幣船在承載商品，中央銀行以外的機構甚至個人創造的貨幣船也在承載商品。事實上，要控制進入錨地的貨幣船隊規模以設定的速度擴張，根本沒有可能，況且，即使控制了錨地的船隻，也控制不了錨地以外的船隻，即使控制了船隻的數量，也控制不了船隻如何參與運載。最終，聯準會不得不放棄了貨幣供給量的嘗試。然而，在貨幣供給量的控制過程中，不當的操作加劇了貨幣供給量帶來的實體經濟損失。

直至今天，「升息貨幣緊縮」與「貨幣緊縮抗通貨膨脹」依

我們與億的距離
鈔票的真實價值，以貨幣儲備定錨

然是經濟學界廣泛認可的觀點，眾多國家的中央銀行在根據該觀點執行著貨幣政策操作，眾多研究分析人員在根據該觀點觀察與分析市場。「升息貨幣緊縮」觀點認為，提高利率會抑制消費和投資，從而減少貨幣需求，因而升息是緊縮貨幣量的重要手段；相反，降低利率會刺激人們的消費和投資，所以，降息是寬鬆貨幣量的重要手段。「貨幣緊縮抗通貨膨脹」觀點認為，商品是以貨幣進行交易的，假定市場上的商品不變，但貨幣多了，那麼以貨幣表示的名義物價就會上行，相反，貨幣少了物價就能下行。然而，「升息貨幣緊縮抗通貨膨脹」並沒有成功，這一觀點是否本身就存在問題呢？

降息反而可能降低貨幣增速，這一點現代貨幣數量論代表人物、諾貝爾經濟學家傅利曼也注意到了。他在《最優貨幣量》一書中提道：「歷史上高而且上升的名義利率一直與貨幣量的快速增長相聯繫，如巴西或智利或最近幾年的美國，低而且下降的利率一直與貨幣量的緩慢增長相關，如目前的瑞士或者1929—1933年的美國。作為一個經驗問題，低利率是貨幣政策一直緊縮的徵兆——就貨幣增長緩慢而言；高利率是貨幣政策一直寬鬆的徵兆——就貨幣量增長迅速而言。廣泛的事實經驗恰恰與金融社會和學術界的經濟學家一般認為理所當然的方向背道而馳。」不過，傅利曼並沒有解釋是什麼原因導致了這樣

Chapter 3 貨幣供給量
有些許委屈的離席

的結論,傅利曼舉此例子只是想說明貨幣政策不應以利率為目標,而應以貨幣總量為目標即應啟用「貨幣總量錨」。

升息未必貨幣緊縮,甚至可能相反。因此,「升息貨幣緊縮」的錯誤方向給貨幣供給量的實現帶來更大的困難,使得錨地的貨幣船數量變化常常超出了聯準會預想的範圍。因為商品的物價是用貨幣來計量的,而中央銀行決定貨幣的發行,所以無論是經濟學家,還是貨幣工作者,甚或普通大眾,都深信中央銀行能通過控制貨幣的發行來穩定物價。然而,中央銀行就算能決定發行多少貨幣,也決定不了市場有多少商品,以及持有貨幣的人願意怎樣使用手裡的貨幣。況且,即使中央銀行決定了發行貨幣的數量,也不應單方面強行向市場注入或回收貨幣。此外,中央銀行也控制不了市場的貨幣創造。中央銀行不能穩定貨幣的擴張速度,也就不可能通過穩定貨幣的擴張速度來穩定物價。不過,中央銀行還沒有弄明白為什麼不能穩定貨幣的擴張速度時,就已經發現了另一個問題,那就是穩定的貨幣擴張速度沒有意義。當中央銀行發現了這個問題時,控制貨幣總量規模的努力也就告一段落了。

貨幣供給量不僅在美國被採用,也在同時期的全球眾多國家中被廣泛採用,1970 年代的德意志聯邦銀行就實施了貨幣總量目標。然而,貨幣需求不是中央銀行可以控制的,這使得中央

我們與億的距離
鈔票的真實價值，以貨幣儲備定錨

銀行按一定的規則供給貨幣時，貨幣供給量總是受到貨幣需求量波動的影響而發生波動。直到 20 世紀末，德意志聯邦銀行依然未能實現其貨幣總量目標，而此時，另一重要的貨幣儲備——通貨膨脹目標制誕生，和同時期眾多國家的中央銀行一樣，德意志聯邦銀行放棄貨幣供給量轉而選擇了通貨膨脹目標制。1970 年代，瑞士國家銀行同樣執行了貨幣供給量，然而，瑞士開放的經濟使得廣義貨幣比德國更難以控制，儘管瑞士國家銀行選擇了更狹義的貨幣總量作為目標，但最終也不得不放棄。

傅利曼之所以選擇貨幣供給量作為貨幣的名義錨，基於兩個要求：第一個要求是貨幣當局應該以其所能控制而不能以其所不能控制的數量為指導；第二個要求是貨幣當局應避免政策的劇烈搖擺。

無論從理論上還是從中央銀行實施貨幣供給量的實踐上，都表明中央銀行控制不了貨幣供給量，且中央銀行為了控制貨幣供給量而進行的貨幣政策操作反而導致了貨幣供給量、利率、通貨膨脹水準的劇烈搖擺，這最終導致了各國中央銀行不得不放棄貨幣總量錨。

「升息貨幣緊縮」的錯誤方向舵導致了控制貨幣供給量路徑上的南轅北轍，加劇了貨幣供給量帶來的經濟損失，這使得貨幣供給量在貨幣歷史舞台上活躍的時間並不長，不得不帶著些

Chapter 3 貨幣供給量
有些許委屈的離席

許委屈而退居角落。「升息貨幣緊縮」的錯誤已經得到證實,但升息為什麼不能貨幣緊縮呢?這個不曾解決的疑問同樣給通貨膨脹目標制的實施帶來了挫折。

我們與億的距離
鈔票的真實價值,以貨幣儲備定錨

Chapter 4
通貨膨脹目標制

我們與億的距離
鈔票的真實價值，以貨幣儲備定錨

貨幣供給量試圖控制貨幣船隊規模以設定的速度擴張。

然而，有兩個因素導致了貨幣船隊規模的控制失效，第一個因素是中央銀行控制不了中央銀行以外的貨幣船進入船隊，第二個因素是中央銀行在指揮貨幣船進入船隊時指向了錯誤的航向。在中央銀行未來得及解決上述兩個問題時就發現了一個新問題，那就是貨幣船隊規模的大小與中央銀行想要實現的經濟增長、物價穩定等目標沒有穩定的數據對應關係，也就是說中央銀行認識到控制貨幣船隊規模根本沒有意義，貨幣供給量因此被放棄。

貨幣供給量實施期間，中央銀行試圖控制貨幣船隊規模的擴張速度，以此來控制單位貨幣船運輸的產品量的穩定性──即物價水準穩定，但沒有成功。放棄了貨幣供給量後，中央銀行不再試圖控制貨幣船隊的規模，而是直接把注意力放在控制單位貨幣船運輸的產品量上。然而，中央銀行如何來控制單位貨幣船的產品運送量呢？中央銀行會成功嗎？

通貨膨脹目標制

通貨膨脹目標制的設計思路是以物價穩定來衡量貨幣環境穩定。該思路認為，中央銀行應通過調整貨幣的供給來調整物價達到某一範圍。如果把貨幣類比為船，通貨膨脹目標制就像是

Chapter 4 通貨膨脹目標制
有些許委屈的離席

事先規定單位船隻的最優運載量,然後不斷調整船隻數量及使用價格等,直到單位船隻的運載量與最優運載量一致。

我們與億的距離
鈔票的真實價值，以貨幣儲備定錨

錨的改進

　　穩定物價並非「通貨膨脹目標制」實施期間才提出的貨幣政策目標，儘管通貨膨脹目標制直到 20 世紀的最後十年才在全球部分已開發國家正式開始使用，但在正式使用前，物價穩定已得到眾多國家中央銀行的普遍重視。聯準會在 2000 年才明確表示放棄貨幣供給量，但在放棄貨幣供給量前也在努力進行穩定物價的嘗試，並且物價穩定也是貨幣供給量期望達成的重要目標之一。1978 年的《漢弗萊 - 霍金斯法》（又稱《充分就業和平衡增長法》）已將促進價格穩定作為貨幣政策的重要目標之一。

　　戰爭造成的損失往往是高通貨膨脹的重要原因之一，二戰結束時的美國同樣面臨著高通貨膨脹的困擾，此後，抑制通貨膨脹一直是 FOMC 會議所關心的重要議題之一。正是基於這樣的背景，傅利曼提出以貨幣供給量來穩定物價。1970 年代開始實施的貨幣供給量試圖通過穩定貨幣供給量來穩定物價。由於經濟學界與金融界廣泛認為提高利率可以抑制消費與投資，因而可以通過緊縮貨幣抑制通貨膨脹水準的上升，當時使用的穩定物價路徑主要是「升息貨幣緊縮抗通貨膨脹」。

Chapter 4 通貨膨脹目標制
錨的改進

聯準會根據「升息貨幣緊縮抗通貨膨脹」的邏輯開啓了大幅持續的升息行動，1980 年 12 月，美國聯邦基金利率甚至達到了 22%。然而，升息行動並沒有抑制通貨膨脹，反倒使通貨膨脹不斷上升。急遽的物價波動給經濟帶來了混亂，這使得穩定物價的重要性進一步得到重視，同時貨幣供給量操作實踐過程中累積的經驗與經濟數據，使得聯準會對貨幣供給量的意義與合理性產生了懷疑。

為控制貨幣總量規模而帶來的物價劇烈波動使人們苦不堪言，因為如果今天的 100 元能買 100 個蘋果，明天的 100 元就只能買 10 個蘋果了，這必然形成人們對持有貨幣的恐慌，導致生產、生活無法正常進行，大大降低經濟效率。人們對物價應該穩定至少不應該劇烈波動這一點基本形成了共識。既然貨幣供給量無法穩定物價，那麼中央銀行乾脆放棄貨幣供給量直接穩定物價又將如何？這一疑問帶來了通貨膨脹目標制的嘗試。

1980 年的劇烈升息之後，聯準會就發現了貨幣供給量本身存在問題，但當時並沒有形成通貨膨脹目標制的完整框架，也沒有系統的理論來支持其他新的貨幣儲備的使用，因而聯準會並沒有徹底放棄貨幣供給量，不過貨幣總量目標的束縛從此大大降低了，聯準會有了更大的貨幣政策執行自由度。從 1980 年開始，到 2000 年徹底放棄貨幣供給量，這段時間是聯準會由貨

我們與億的距離
鈔票的真實價值，以貨幣儲備定錨

幣供給量向通貨膨脹目標制轉變的摸索階段。

如果我們將用貨幣交易商品的過程看成是一艘艘貨幣船在運送商品，那麼通貨膨脹目標制想要實現的是以穩定單位船隻運送的商品量來穩定貨幣船的運行，避免出現運送量的劇烈波動。假定運送商品量的年下降幅度不超過 2%，那麼今年的一條船運送 100 公斤蘋果，明年同樣的一條船運送的蘋果應在 98~100 公斤之間。

中央銀行如何來控制單位船隻的運送量呢？如同貨幣供給量實施期間的「升息貨幣緊縮抗通貨膨脹」邏輯，在通貨膨脹目標制實施期間，中央銀行降低了對貨幣目標的重視，但沿用了「升息抗通貨膨脹」的邏輯。不過在貨幣供給量實施期間，中央銀行側重於關注貨幣目標的實現情況，而在通貨膨脹目標制實施期間則側重於關注物價目標的實現情況。此外，1970 年代末至 80 年代初貨幣供給量實施期間劇烈升息的經驗教訓，使得通貨膨脹目標制實施期間的升息操作較以往要溫和許多，而降息維護金融穩定與刺激經濟增長的操作則更為頻繁，因此，我們可以看到，貨幣供給量實施期間升息操作是顯著特徵，而通貨膨脹目標制實施期間降息操作成了顯著特徵。

Chapter 4 通貨膨脹目標制
風浪前的平靜

風浪前的平靜

　　隨著貨幣政策不斷的實踐與發展，人們對貨幣究竟能做什麼不能做什麼有了更深的認識，貨幣政策從最初的充分就業、經濟增長、國際收支平衡、金融穩定、物價穩定等多種目標逐步向單一的物價穩定目標靠攏。1990 年代末，眾多工業化國家採用了通貨膨脹目標制，將通貨膨脹目標視為首要的、近乎唯一的貨幣政策目標。我們通常將採用通貨膨脹目標制的貨幣政策制度稱為通貨膨脹目標制，直到今天，通貨膨脹目標制依然是全球廣泛認為的最優的貨幣政策制度。通貨膨脹目標制試圖控制每艘貨幣船運載一大堆商品的數量以穩定的低速度下降，也就是說，通貨膨脹目標制若能成功，一大堆商品應維持較為穩定的較低幅度的單位價格上漲。

　　在通貨膨脹目標制實施以前，聯準會儘管早已提出了物價穩定目標，但物價穩定並未作為最主要或是唯一的目標，聯準會在關注物價穩定的同時，更在高度關注穩定貨幣供給量，當然，也觀察一些其他的經濟指標，直到 21 世紀初才逐步採用了具體的通貨膨脹率目標。

　　在 1999—2008 年的 10 年間，聯邦基金利率有明顯的跟隨

我們與億的距離
鈔票的真實價值，以貨幣儲備定錨

工業生產指數的變化而滯後變化的特徵，這一切都源於聯準會根據經濟增長與通貨膨脹水準情況做出的貨幣政策利率調整。當聯準會認為預計經濟疲軟的風險大於通貨膨脹風險時，聯準會即會調低聯邦基金利率刺激經濟增長，而當聯準會認為預計通貨膨脹上升的風險大於經濟基本面惡化的風險時，聯準會即會提高聯邦基金利率來抑制通貨膨脹，不過，此階段聯準會的利率調整較以往大幅劇烈的升息或降息要溫和許多。

2000年2月，美國通貨膨脹率經過一年多的上升，達到了3%以上，聯準會對通貨膨脹的持續上升有些擔憂，因而採取了「升息抗通貨膨脹」的措施。在2000年2月17日的貨幣政策報告中，聯準會描述了「升息抗通貨膨脹」的操作：「為了維持對當前經濟擴張的持續健康至關重要的低通貨膨脹環境，FOMC最終將聯邦基金利率上調了四次25個基本點，最近一次是在本月初。……在2000年2月的會議上，幾乎沒有證據表明需求與潛在供應相符，通貨膨脹失衡的風險似乎有所上升。在會議上，FOMC將聯邦基金利率目標上調0.25%至5.75%，並將風險描述為通貨膨脹壓力上升。」

2000年6月27日至28日的FOMC會議明確放棄了貨幣供給量，貨幣供給量的徹底放棄，使得聯準會的貨幣政策操作開啓了一個新時代。2000年7月20日提交的貨幣政策報告，

Chapter 4 通貨膨脹目標制
風浪前的平靜

封面的標題為——《向國會提交的貨幣政策報告》（Monetary Policy Reporttothe Congress），去掉了「依據1978年《充分就業與平衡增長法》」的表述。這一微妙的改變並非毫無意義的簡化，《聯邦儲備法》（The Federal Reserve Act）於2000年12月27日被修改，從那時開始直到2019年的今天，貨幣政策報告不再是依據1978年的《充分就業與平衡增長法》，而是依據《聯邦儲備法》第2B條（pursuant to section 2B of the Federal Reserve Act）。

2000年12月27日的修改之後，《聯邦儲備法》對聯準會貨幣政策目標的表述為「聯邦儲備系統理事會和聯邦公開市場委員會應保持貨幣和信貸總量的長期增長與經濟增長的長期潛力相稱，從而有效地促進最大就業、穩定價格和適度長期利率的目標。」這一表述沿用至今，其中兼顧了貨幣總量、經濟增長、最大就業、物價穩定、長期利率，最終目標則是「最大就業、穩定價格、適度長期利率」。從這一表述看，似乎貨幣政策什麼都考慮，不過事實上，聯準會的貨幣政策執行過程在此之前就早已經高度關注物價穩定了。而在此之後，聯準會更是越來越重視物價穩定的重要性，在2012年7月的貨幣政策報告中明確指出，通貨膨脹主要由貨幣政策決定，因而，最適宜對通貨膨脹率制定目標，這在後文的分析中我們可以進一步看到。

我們與億的距離
鈔票的真實價值，以貨幣儲備定錨

2000 年，美國經濟增速從上半年的上行放緩轉向了下半年的顯著下行，2000 年 7 月的貨幣政策報告顯示，儘管通貨膨脹上升風險依然存在，但考慮到勞動力市場、購房和開工率數據等顯示經濟放緩，可能會降低通貨膨脹壓力，因此，部分升息措施推遲執行。由於價格的變化通常滯後於產量、銷量等數量的變化，聯準會通過數量的變化預測到通貨膨脹可能即將下行，因此沒有繼續升息，2001 年則開始了連續的降息行動。

根據經濟界與金融界廣泛認為的「降息可以寬鬆貨幣刺激經濟增長」的邏輯，聯準會以降息的方式來應對疲軟的經濟，從 2001 年 2 月貨幣政策報告的描述可以看到，聯準會降息刺激經濟的意圖明顯。2001 年 2 月的貨幣政策報告指出，「經濟放緩的規模一度被滯後的經濟數據所掩蓋，但隨著減速加劇，情況在今年晚些時候開始變得更加突出。幾年來一直快速增長的商業資本支出，提高了這些資產的存量，在第四季度突然持平。消費者限制了汽車和其他耐用品的支出，汽車和其他耐用品的庫存也已攀升至高水準。隨著對商品需求的減弱，製造商迅速調整生產，以應對庫存的增加。對經濟增長放緩和工人裁員的擔憂加劇了消費者信心的惡化。為了應對日益增長的疲軟，聯邦公開市場委員會（FOMC）於今年 1 月 3 日下調了聯邦基金利率 0.5 個百分點。在 FOMC 最近一次會議於上月底結束時，

Chapter 4 通貨膨脹目標制
風浪前的平靜

又實施了同樣規模的降息。」從 2001 年 2 月的貨幣政策報告可以看出，刺激經濟增長是聯準會降息的主要原因。

　　2001 年經濟增速大幅下降，物價增速放緩，失業率上升，工業生產指數同比增速從 1 月份的 0.47% 降至 12 月份的 -5.88%，CPI 同比增速從 1 月份的 3.7% 降至 12 月份的 1.6%，失業率從 1 月份的 4.2% 上升至 12 月份的 5.7%。2001 年 7 月的貨幣政策報告指出：「為了促進支撐經濟增長的金融環境，聯邦公開市場委員會自 2 月份以來已四次下調聯邦基金利率目標，使今年的累計降幅達到 2.75 個百分點。許多因素促使聯邦基金利率大幅下降。特別是，經濟增長迅速大幅放緩，並帶來相當大的風險，即今年上半年經濟表現疲弱的情況會持續下去。除其他外，由於消費者和企業信心的不穩定，經濟放緩的突然性增加了家庭和企業在重新評估自身狀況的同時推遲支出的可能性。此外，其他金融發展，包括較高的美元外匯價值、較低的股票價格以及銀行收緊的貸款條件和標準，都傾向於抑制總需求，從而抵消聯邦基金利率較低的一些影響。最後，儘管今年年初出現了一些令人擔憂的數據，但價格上漲仍然相當可控，隨著資源利用率下降和能源價格出現下降跡象，通貨膨脹的前景已變得不那麼令人擔憂。」2001 年，在低通貨膨脹水準環境下，聯準會認為不用擔心降息寬鬆貨幣帶來的通貨膨脹上升，

我們與億的距離
鈔票的真實價值，以貨幣儲備定錨

面對疲軟的經濟，實施了大幅的降息措施來刺激經濟的增長，聯邦基金利率從 2001 年 1 月 1 日的 5.41% 降到了 2001 年 12 月 31 日的 1.52%。

2002 年 2 月的貨幣政策報告進一步指出：「聯準會在今年上半年採取積極行動，放鬆貨幣政策立場，為消費者支出和住房部門提供了支持。然而，在整個夏季，經濟活動的減弱變得更加普遍，失業人數進一步增加，失業率上升。由於幾乎沒有跡象顯示經濟狀況即將改善，基本通貨膨脹水準溫和，且通貨膨脹預期得到很好控制，聯準會繼續努力，通過降低聯邦基金利率來應對當前的疲軟，到 8 月份將該利率累計下調了 3 個百分點。」

2001—2003 年連續降息後，2004 年通貨膨脹與經濟增速上行，聯準會開始了新一輪的升息。2005 年，工業生產指數增速小幅下行，但通貨膨脹依然處於上升中，聯準會為了抑制通貨膨脹的繼續上升，如同往常一樣採取了「升息抗通貨膨脹」的措施，在 2006 年 2 月的貨幣政策報告中，聯準會的描述如下，「鑒於通貨膨脹壓力上升和未使用資源下降，且短期利率相對較低，聯邦公開市場委員會（FOMC）在 2005 年繼續逐步取消寬鬆的貨幣政策，在 8 次會議中，每次會議都將聯邦基金利率目標上調 25 個基本點。這一累計 2 個百分點的政策收緊幅度，

Chapter 4 通貨膨脹目標制
風浪前的平靜

遠高於市場參與者今年初的預期。但是,每一項行動都是在會議召開時預料到的,因為委員會的來文、政策戰略和對即將到來的經濟數據的反應似乎都已得到充分理解。在 2006 年 1 月的會議上,聯邦公開市場委員會將聯邦基金利率目標再提高 25 個基本點,使其達到 4.5%。委員會指出,資源利用的可能增加以及能源價格的上漲有可能增加通貨膨脹的壓力,因此可能需要進一步收緊政策。」

2006—2007 年工業生產指數增速波動不大,失業率走勢平穩,聯邦基金利率調整幅度不大,通貨膨脹水準未出現大幅上升。2007 年下半年金融市場出現了動盪,隨後在 2008 年爆發了全球金融危機。

我們與億的距離
鈔票的真實價值,以貨幣儲備定錨

量化寬鬆後重啓升息的聯準會

　　2007 年 7 月聯準會公布的貨幣政策報告顯示,聯邦公開市場委員會(The Federal Open Market Committee,FOMC)2007 上半年貨幣政策立場維持不變。然而,受 2007 年夏天次級貸引發的金融市場動盪影響,聯準會大幅放寬了貨幣政策的立場,根據降息會寬鬆貨幣提高通貨膨脹的現行理論,由於預計通貨膨脹沒有大幅走高的風險,聯準會認為可以通過寬鬆貨幣來刺激經濟發展。在 2008 年 2 月的貨幣政策報告中,聯準會的闡述如下:「預計通貨膨脹預期將保持合理,能源和其他大宗商品價格將趨於平緩,對資源的壓力可能緩解,貨幣政策制定者普遍預計通貨膨脹在 2008 年和 2009 年將有所緩和。在這種情況下,聯準會自 7 月以來大幅放寬了貨幣政策的立場。」

　　聯準會自 2007 年仲夏開始採取了許多措施來應對短期融資市場的緊張局勢,以促進其最大化就業和物價穩定的宏觀經濟目標。FOMC 在 9 月的會議上將聯邦基金目標利率降低了 50 個基本點,在 10 月的會議上將目標降低了 25 個基本點,在 12 月的會議上又降低了 25 個基本點。在接下來的幾周,由於判斷經濟前景將繼續惡化、下行風險加劇,FOMC 進一步將目標利率

Chapter 4 通貨膨脹目標制
量化寬鬆後重啓升息的聯準會

削減了 125 個基本點。

2008 年全球金融危機爆發。為刺激疲軟的經濟與維護金融體系的穩定，由於認為降息可以寬鬆貨幣刺激經濟增長，聯準會執行了大幅降息的操作，而通貨膨脹隨之下降到了低位。低通貨膨脹的環境使得聯準會一系列貨幣寬鬆政策的實施沒有了後顧之憂。自 2007 年降息開始，美國持續了利率的下行操作，直至 2009 年進入接近 0 的低利率並一直維持到 2015 年。

在低通貨膨脹環境下，為了寬鬆貨幣刺激經濟發展，聯準會實施了一系列量化寬鬆貨幣政策（Quantitative Easing, QE），除了降低貨幣政策利率，聯準會還實施了大規模的資產購買行為。由於過度關注通貨膨脹目標，忽視了貨幣政策操作過程可能對經濟造成的不利影響，在 2% 的通貨膨脹目標範圍之內，聯準會的資產購買計劃從無風險市場延伸到了風險市場。

2008 年 11 月聯準會首次公布將購買機構債和抵押貸款支持證券（Mortgage-Backed Security, MBS），啓動了首輪量化寬鬆。在 2009 年 2 月發布的貨幣政策報告中，聯準會的闡述如下：「自 2007 年夏天以來，聯準會對危機做出了強有力的回應。直到去年年中，美國聯邦公開市場委員會下調聯邦基金利率 325 個基本點。由於經濟疲軟和金融動盪擴散跡象在下半年愈演愈烈，FOMC 繼續大幅放寬貨幣政策。在 12 月會議上，委員會建

我們與億的距離
鈔票的真實價值，以貨幣儲備定錨

立了聯邦基金利率 0 至 0.25% 的目標範圍，經濟狀況可能需要聯邦基金利率在一段時間內維持非常低的水準。此外，聯準會在 2008 下半年採取了多項措施，……聯準會 11 月宣布計劃購買機構擔保抵押貸款支持證券和機構債務。這些舉措已導致聯準會資產負債表規模顯著擴大，聯邦公開市場委員會表示，由於公開市場操作和支持金融市場與在非常低的短期利率環境下為經濟提供額外刺激的其他措施，預計資產負債表規模一段時間內將維持高水準。」從 2009 年 2 月發布的貨幣政策報告可以看出，寬鬆貨幣刺激經濟發展與穩定金融市場是下調聯邦基金利率與實施大規模資產購買行動的主要目的，2008 年 12 月開始聯準會確立了零利率目標，而資產購買不僅僅限於無風險市場，也進入了信用債市場。

2010 年 11 月至 2011 年二季度末 6000 億美元的長期國債購買計劃為第二輪量化寬鬆。在 2011 年 3 月發布的貨幣政策報告中，聯準會的闡述如下：「2010 年 11 月，為提供進一步的政策支持經濟復甦，聯邦公開市場委員會宣布意圖，到 2011 年第二季度末另外購買 6000 億美元長期國債。在 2010 下半年和 2011 年初，聯準會維持聯邦基金利率的目標範圍在 0 至 0.25%，重申其預期的經濟條件，包括資源利用率低、抑制通貨膨脹趨勢、穩定的通貨膨脹預期，可能更長時間令聯邦基金利率維持

Chapter 4 通貨膨脹目標制
量化寬鬆後重啟升息的聯準會

非常低的水準。」

在 2013 年 2 月發布的貨幣政策報告中，可以看到聯準會對第三輪量化寬鬆的描述：「2012 年 9 月 FOMC 宣布，將開始購買額外的機構擔保的抵押貸款支持證券（MBS）每月 400 億美元。12 月 FOMC 宣布，除了繼續 MBS 購買，將初步按每月 450 億美元的速度購買長期國債。」

與聯準會的三輪量化寬鬆相對應的，是 2008 年、2011 年、2013 年聯準會基礎貨幣量的大幅增長，但廣義貨幣量並未出現與其一致的增長。QE 期間聯準會的主要貨幣政策之一是降低無風險名義利率刺激經濟增長與就業率提升。不過，並非如「升息抗通貨膨脹」理論所預計的降息會寬鬆貨幣帶來通貨膨脹的上升，聯準會的量化寬鬆並沒有導致高通貨膨脹，卻伴隨了長期的低通貨膨脹。在 2009—2015 年長達六年近乎零的低利率實施之後，2015 年末開始，聯準會重啟了升息，而通貨膨脹上升，是升息的重要原因之一。

早在 2011 年，以個人消費支出物價指數 12 個月百分比變化衡量，美國消費者物價指數（CPI）同比增速上升到了 2% 以上，並且全年都保持在了 2% 以上。由於貨幣政策將 2% 的通貨膨脹目標視為名義錨，在「降息會寬鬆貨幣刺激經濟提高通貨膨脹」的現行貨幣理論下，在 2% 以上的通貨膨脹以及金融

我們與億的距離
鈔票的真實價值，以貨幣儲備定錨

危機後恢復的經濟增長環境下，不再需要降息、資產購買計劃等貨幣寬鬆措施的刺激，貨幣政策正常化進入討論階段。所謂的貨幣政策正常化就是恢復經濟危機之前的貨幣政策，即逐步提高聯邦利率及減少聯準會在資產購買計劃中購入的證券。不過，貨幣政策正常化從討論到實施用了好幾年，2014 年進入密集討論階段，並於 2015 年末開始實施。FOMC 在 2014 年 9 月會議後發布的《政策正常化原則和計劃》中概述了其對貨幣政策正常化的做法。聯邦公開市場委員會指出，政策正常化有兩個主要組成部分：逐步提高聯邦基金利率的目標範圍到更正常的水準，並逐步減少聯準會的證券持有量。

聯準會於 2015 年 12 月 16 日召開會議並發布了貨幣政策執行決定，考慮到「自 10 月聯邦公開市場委員會會議以來收到的信息表明，經濟活動正以適度的速度擴張。近幾個月來，家庭支出和商業固定投資一直在穩步增長，房地產業進一步改善。……勞動力市場狀況有了相當大的改善，並且有理由相信通貨膨脹率在中期內將上升到 2% 的目標。鑒於經濟前景，並認識到採取政策行動影響未來經濟成果所需的時間，委員會決定將聯邦基金利率的目標範圍從原來的 0 至 0.25% 提高到 0.25% 至 0.5%」。2015 年通貨膨脹處於上行中，聯準會重啓了升息措施，這是自 2008 年 12 月以來長期的近乎零的低利率

Chapter 4 通貨膨脹目標制
量化寬鬆後重啓升息的聯準會

環境之後,首次提高聯邦基金利率的目標範圍。2015—2018年,通貨膨脹持續上升,聯準會則繼續採取了加息措施。

我們與億的距離
鈔票的真實價值，以貨幣儲備定錨

挑戰利率下限的歐元區

　　歐洲中央銀行（European Central Bank, ECB）是採用歐元的歐盟國家的中央銀行，於 1998 年 6 月 1 日成立。主要任務是維持歐元區的價格穩定，從而保持這一單一貨幣的購買力。根據《歐洲聯盟基本條約》第 127 條的規定，保持物價穩定是歐元體系的主要目的，並且只對這一單一貨幣政策目標負責。在不影響價格穩定目標的前提下，支持歐盟包括「充分就業」和「平衡的經濟增長」在內的一般的經濟政策。《歐洲聯盟基本條約》確立了明確的目標層次體系，它賦予物價穩定壓倒一切的重要性。該條約明確指出，確保價格穩定是貨幣政策能夠實現有利的經濟環境和高就業水準的最重要的貢獻。由於視通貨膨脹目標為歐洲中央銀行近乎唯一的目標，因此，歐洲中央銀行幾乎所有的貨幣政策努力都是為了實現這一目標。歐洲中央銀行對物價穩定的定義是歐元區調和消費者物價指數（Harmonised Indexof Consumer Prices, HICP）年同比增長 2% 以下，保持通貨膨脹率中期低於但接近 2%。

　　2008 年上半年，面對上升的超過既定通貨膨脹目標的通貨膨脹水準，歐洲中央銀行還試圖採取「升息抗通貨膨脹」的手

Chapter 4 通貨膨脹目標制
挑戰利率下限的歐元區

段來防止通貨膨脹上升的風險。歐洲中央銀行 2008 年的年度報告寫道：「2008 年上半年，歐元區的通貨膨脹壓力增加，主要原因是國際商品價格迅速上漲。在此期間，HICP 年通貨膨脹率維持在 2% 以上，從 1 月份的 3.2% 上升到 6 月和 7 月的 4.0%，這主要是由於能源和食品價格的發展。……為了遏制物價上行風險，並確保長期通貨膨脹預期與歐洲中央銀行對價格穩定的定義保持一致，理事會在 2008 年 7 月將主要再融資操作的最低投標率提高了 25 個基本點，至 4.25%。」然而，以 9 月 15 日美國雷曼兄弟破產為標誌性事件的全球金融危機的到來使得通貨膨脹水準急遽下行，市場利率也出現了大幅下行，由於通貨膨脹上行風險減少，面對市場流動性緊張的局勢，加拿大銀行、英格蘭銀行、歐洲中央銀行、聯準會、瑞典和瑞士國家銀行於 10 月 8 日一致宣布下調貨幣政策利率，歐洲中央銀行降低關鍵利率 50 個基本點。面對第四季度廣泛的經濟放緩與高不確定性，政府宣布了大量經濟刺激計劃。由於低通貨膨脹是歐洲中央銀行的主要目標，在 11 月 6 日的會議上，基於經濟下滑使得通貨膨脹上行風險減少的判斷，理事會決定進一步降低歐洲中央銀行關鍵利率 50 個基本點，在 12 月 4 日的會議上，又進一步下降了 75 個基本點。

2008 年的金融危機後，歐洲中央銀行實施了系列降息操作

我們與億的距離
鈔票的真實價值，以貨幣儲備定錨

以寬鬆貨幣環境維護金融穩定，這些貨幣政策措施的主要目的旨在避免過低的通貨膨脹，然而，降息措施後通貨膨脹不僅沒有提高反而降低了。低通貨膨脹的環境為繼續降息刺激經濟增長提供了空間，因此，歐洲中央銀行繼續了降息措施。2012年開始，歐元區貨幣政策利率降到了近似零的低位。由於通貨膨脹水準持續低於歐洲中央銀行設定的接近2%的通貨膨脹目標，並且歐洲中央銀行將通貨膨脹目標作為貨幣政策的近乎唯一的目標，歐洲中央銀行試圖繼續降息以寬鬆貨幣提高通貨膨脹。因此，當2014年面對過低的通貨膨脹壓力時，歐洲中央銀行進一步實施了降息操作，使得2014年貨幣政策利率下降到了負利率的水準，並在此後持續幾年的低通貨膨脹中維持了負利率。在歐洲中央銀行2014年的年度報告中是這樣描述負利率的到來的：「在國內低通貨膨脹環境壓力下，原油價格自年中開始的大跌使通貨膨脹在年底出現了進一步的下行，在這種環境下關注的焦點是通貨膨脹將在一個過長的時間內維持低位，並影響到長期通貨膨脹預期。這要求貨幣政策採取強有力的措施……理事會降低貨幣政策利率到有效下限並且引入負利率存款工具。」

儘管歐洲中央銀行不遺餘力地實施了降息措施，但持續的低利率甚至負利率並沒能提高通貨膨脹，反而進入了低利率低通

Chapter 4 通貨膨脹目標制
挑戰利率下限的歐元區

貨膨脹的環境，2014 年歐元區基準利率下降至零以下，2014 年調和 CPI 在 1% 以下。然而，包括歐洲中央銀行在內的全球各大中央銀行並沒有意識到「升息抗通貨膨脹」或「降息寬鬆貨幣提高通貨膨脹」本身存在理論錯誤，因此，歐洲中央銀行為提高通貨膨脹水準使其達到 2% 的通貨膨脹目標，不僅繼續維持了負利率的水準，還採取了進一步的資產購買等寬鬆措施。在歐洲中央銀行 2015 年的年度報告中，對於「利率為什麼這麼低」進行了重要解釋，該報告指出，「極低的利率只是部分中央銀行的選擇。它們還反應了全球和歐元區特有的因素，其中一些是長期的，而另一些則與金融危機的遺留問題有關。雖然貨幣政策無法解決這些對經濟造成的長期壓力，但它確實需要應對它們所造成的反通貨膨脹壓力。如果符合其任務規定，中央銀行也可能對危機導致的總需求進一步疲軟做出回應。這是通過使利率盡可能接近所謂的均衡利率來實現的。在這個利率下，資源在經濟中得到充分利用，通貨膨脹在最符合中央銀行價格穩定目標的水準上。鑒於危機的嚴重性，單靠常規貨幣政策是無法實現這一目標的，因此需要一套非常規的措施。展望未來，價格穩定將為利率再次上升並逐步迴歸更為正常的水準創造條件。……總的來說，低利率最終是長期趨勢疲弱的結果，再加上複雜的金融危機和異常曠日持久的宏觀經濟衰退的週期

我們與億的距離
鈔票的真實價值，以貨幣儲備定錨

性後果。」

　　從 2015 年的年報的解釋可以看出，歐洲中央銀行認為低利率有主觀和客觀兩個原因。客觀是經濟疲弱，主觀是中央銀行主動執行了降息措施以刺激經濟與維護價格穩定。事實上，各國中央銀行對名義貨幣政策利率享有絕對的決策權，名義貨幣政策利率常常在各國中央銀行的操作下大幅波動，例如 1970 年代至 80 年代的美國、1990 年代的日本、2010 年代的俄羅斯等；也常常在各國中央銀行的操作下趨於穩定，例如 1990 年代大降息後的日本、2008 年金融危機實施零利率與負利率的世界各國、除劇烈加降息期間以外在較長時間維持較高穩定名義利率的俄羅斯等。

　　對於主觀維持低利率的行為，中央銀行認為儘管是非常規的，但在特殊經濟環境下是合理的，合理的主要原因是這一行為符合價格穩定目標。因此，其 2015 年的年報進一步寫道：「雖然長期的實際利率下降背後的力量超出了貨幣政策的範圍，但中央銀行的任務是確保通貨膨脹迴歸並穩定在中央銀行的目標範圍，這反過來將有助於經濟走上可持續增長的軌道，重新吸收週期性疲軟。目前，這一任務促使政策能夠對整個期限結構的利率施加下行壓力，從而使借貸條件保持在足夠寬鬆的水準，以確保經濟狀況和通貨膨脹在中期內正常化。⋯⋯鑒於《歐洲

Chapter 4 通貨膨脹目標制
挑戰利率下限的歐元區

聯盟基本條約》將價格穩定確定為歐元區貨幣政策的首要目標,歐洲中央銀行目前的貨幣政策立場完全符合其任務規定。」

當前經濟學界與金融界廣泛認為通貨膨脹是一種貨幣現象,中央銀行提高通貨膨脹的唯一辦法就是增加貨幣供應。為了把貨幣花出去,中央銀行希望降息能刺激市場的貨幣需求,使市場有意願來取得更為便宜的資金,然而,倘若市場沒有意願,中央銀行也無能為力。由於降息沒能提高通貨膨脹,歐洲中央銀行認為利率已經到了降息的下限,因而在降息之外需要進一步採取資產購買措施向市場注入更多的流動性。遺憾的是,過度關注通貨膨脹的通貨膨脹目標制與寬鬆貨幣可以提高通貨膨脹的邏輯使得資產購買行為一發不可收拾,規模與範圍變得越來越廣泛與失去節制。

在 2014 年的年度報告中,歐洲中央銀行指出了其實施資產購買計劃(Asset Purchase Program, APP)的背景,通貨膨脹目標是其考慮的最重要的因素,該報告指出,「在通貨膨脹前景疲弱以及增長勢頭疲弱的背景下,自 2014 年 6 月以來,歐元體系採取了多項重要的額外貨幣政策措施。2014 年公布的一大堆政策包括三大要素:將歐洲中央銀行的關鍵利率降至有效下限;推出一系列有針對性的長期再融資操作(Targeted Longer-term Refinancing Operations, TLTRO);以及為選

我們與億的距離
鈔票的真實價值，以貨幣儲備定錨

定的私營部門資產啟動兩項購買計劃。該一大堆計劃旨在恢復貨幣政策的正常傳導，並提供進一步的貨幣調節，從而支持對實體經濟和歐元復甦的貸款，以維持中期價格穩定。……理事會表示打算大幅度增加歐元系統的資產負債表，以便提供足夠的貨幣刺激，將年通貨膨脹率提高到低於但接近 2% 的水準。」

　　2015 年初歐洲中央銀行對價格發展前景和已經實現的貨幣刺激進行了重新評估，認為當時的貨幣寬鬆程度不足以充分解決過長時期低通貨膨脹的風險。由於已經執行的資產購買計劃未能實現 2% 的通貨膨脹目標，對於通貨膨脹目標的過度關注與貨幣寬鬆可以提高通貨膨脹的貨幣理論使得歐洲中央銀行進一步擴大了資產購買範圍，在其於 2015 年 1 月 22 日的會議上決定發起一項擴大的資產購買方案。對於 2015 年採取的貨幣政策措施，歐洲中央銀行在 2015 年的年度報告中寫道：「一方面，委員會認為中期內通貨膨脹水準與其目標一致，另一方面，這些措施對歐洲系統資產負債表的數量影響，從而對貨幣政策立場的影響，被認為不足以確保通貨膨脹在中期內恢復到接近 2% 的水準，在此背景下，有必要採取有力的貨幣政策對策。在關鍵利率處於或接近有效下限的情況下，1 月 22 日，管理委員會決定擴大資產購買計劃（這一計劃始於 2014 年 10 月），將歐元區各國政府和機構及歐洲機構發行的歐元計價投資級證券納

Chapter 4 通貨膨脹目標制
挑戰利率下限的歐元區

入其中。根據這一擴大的資產購買計劃，公共和私營部門證券的每月購買總額為 600 億歐元。歐元系統從 3 月份開始購買二級市場的公共部門資產，計劃持續到 2016 年底，無論如何，直到委員會看到通貨膨脹路徑持續調整，以實現中期通貨膨脹率低於但接近 2% 的目標。」從歐洲中央銀行 2015 年的年度報告中可以看到，由於認為利率已經抵達下限，無法通過繼續降息來實施貨幣寬鬆以提高通貨膨脹到 2% 的目標，因而決定擴大資產購買計劃，將投資級證券納入了資產購買範圍。

在歐洲中央銀行 2016 年的年度報告中提道：「12 月的政策一大堆計劃旨在保持實質性的貨幣寬鬆。通貨膨脹的逐漸上升仍然依賴於寬鬆的貨幣政策支持。考慮到潛在通貨膨脹的長期疲軟，通貨膨脹不太可能有信心達到預期的水準。在此背景下，認為在 2017 年 3 月以後保持實質的貨幣寬鬆是必要的。因此，在 12 月的會議上，委員會決定： ①通過宣布 APP 的延續來延長其淨資產購買的期限超過 2017 年 3 月。除了到期證券的再投資外，從 2017 年 4 月到 2017 年 12 月底每月購買 600 億歐元或以上，直到理事會看到通貨膨脹目標達成為止。 ②調整 2017 年 1 月的 APP 參數，以確保其持續的順利實施，將公共部門購買方案下合格證券的最低剩餘期限從兩年降低到一年，並允許在必要時購買收益率低於歐洲中央銀行存款利率的證券。歐洲

我們與億的距離
鈔票的真實價值，以貨幣儲備定錨

中央銀行的主要利率保持不變，委員會繼續預期利率將在較長一段時間內保持在目前或更低的水準。」我們從 2016 年年度報告的表述中可以看到，為了寬鬆貨幣提高通貨膨脹水準，歐洲中央銀行進一步擴大了資產購買計劃。

歐洲中央銀行在 2017 年的年度報告中，用了「耐心、堅持和謹慎」來形容貨幣政策。面對長期低於 2% 的通貨膨脹水準，歐洲中央銀行堅持不懈地以維持低利率及擴大資產購買計劃來提高通貨膨脹，儘管未能成功，但對這一政策行動保持了足夠的耐心，該報告寫道：「歐洲中央銀行近年來採取的貨幣政策措施旨在支持歐元區經濟復甦，並使通貨膨脹在中期內恢復到低於但接近 2% 的水準，與價格穩定的目標一致。……2017 年間，歐元系統的資產負債表繼續擴大，主要是由於正在進行的資產購買計劃和有針對性的長期再融資業務。」

歐元區為對抗低通貨膨脹風險不斷降息試圖提高通貨膨脹，因而形成了全球最低的負利率，歐洲中央銀行還試圖通過不斷擴大資產購買範圍來達到寬鬆貨幣提高通貨膨脹的目的，依然未能成功。但受商業銀行的貨幣創造等功能的影響，中央銀行並不能完全控制貨幣供給量，2008 年的金融危機之後，儘管歐元區較為狹義的貨幣量 M1 的增速維持了較高水準，但更為廣義的貨幣量 M2、M3 的增速卻大幅降低，歐洲中央銀行通過貨

Chapter 4 通貨膨脹目標制
挑戰利率下限的歐元區

幣投放來寬鬆貨幣提高通貨膨脹的操作並不成功。

我們與億的距離
鈔票的真實價值，以貨幣儲備定錨

降息走不出通貨緊縮陰影的日本

　　日本銀行根據 1882 年 6 月頒布的《日本銀行法》成立，並於 1882 年 10 月 10 日開始運作，成為日本的中央銀行。為適應第二次世界大戰的情況，1942 年 5 月 1 日日本銀行根據 1942 年 2 月頒布的《日本銀行法》進行了重組，第二次世界大戰後《日本銀行法》又進行了多次修正。1949 年 6 月，日本銀行設立政策委員會，作為銀行的最高決策機構，由委員會確定貨幣和貨幣管制準則，確定執行銀行業務的基本原則，並監督銀行官員（不包括審計員和顧問）履行職責的情況。1997 年 6 月，根據「獨立」和「透明」兩項原則，《日本銀行法》進行了全面修訂，經修訂的法案於 1998 年 4 月 1 日生效，該法規定了銀行的目標為「發行貨幣和實行貨幣管制」並「確保銀行和其他金融機構之間資金的順利結算，從而有助於維持金融系統的穩定」。

　　日本是較早實行無風險低名義利率的國家，1990 年代初的房地產危機爆發之後，日本就進行了大幅的降息操作。根據貨幣擴張可以刺激經濟增長的現行貨幣理論，日本持續降低利率意圖刺激經濟增長，隔夜拆借利率從 1991 年初約 8% 下降到 1995 年末接近零的水準，並於 1999 年正式確立了零利率目標。

Chapter 4 通貨膨脹目標制
降息走不出通貨緊縮陰影的日本

在降低利率與增加貨幣投放的一系列貨幣寬鬆政策的長時間執行中，日本的通貨膨脹水準也下降到了低位，甚至出現了很長時間的通貨緊縮。面對較低的通貨膨脹甚至通貨緊縮，日本試圖通過進一步的降息與貨幣投放來提高通貨膨脹水準。

日本的財政年度是每年自 4 月 1 日起至次年 3 月 31 日止。日本中央銀行每年的 6 月和 12 月左右向議會報送一次貨幣控制半財年度報告，從這些報告裡，我們可以清晰地回顧日本零利率後為提高通貨膨脹所做出的不懈努力。

現有經濟學界廣泛的觀點認為，通貨膨脹在 2% 左右最有利於經濟發展，因此目前實施通貨膨脹目標制的眾多國家基本都將通貨膨脹目標設置在 2% 左右。2000 年日本處於持續的通貨緊縮中，在 2000 年第二半財年，有兩次貨幣政策會議的貨幣政策措施明確表述了為提高通貨膨脹水準而進行的貨幣寬鬆，不過，此時的通貨膨脹目標還不是後來包括日本在內的眾多國家廣泛採用的 2%，而是「消費物價指數穩定地維持在零或逐年增加」。2000 年第二半財年共舉行了九次貨幣政策會議，在 2 月 28 日舉行的會議上，中央銀行基於兩個理由進行了進一步的貨幣寬鬆。第一個理由是，經濟復甦的速度進一步放緩，經濟前景的不確定性增加；第二個理由是，價格表現出疲軟的發展態勢，人們再次擔心需求疲軟對價格的下行壓力可能會加劇。從

我們與億的距離
鈔票的真實價值，以貨幣儲備定錨

刺激經濟發展與提高通貨膨脹這兩個理由出發，中央銀行決定將無抵押隔夜拆借利率目標降至 0.15% 左右，並將官方貼現率降至 0.25% 左右。在 3 月 19 日的貨幣政策會議中，委員們認為銀行必須採取超常規的貨幣寬鬆措施，以防止物價持續下跌，同時也為可持續的經濟增長打下基礎。基於這一判斷，確定了以下四項貨幣寬鬆措施：第一，市場操作的主要目標從未擔保的隔夜拆借利率變更為金融機構經常帳戶餘額；第二，新的市場操作程序將繼續實施，直到消費物價指數穩定地維持在零或逐年增加；第三，銀行活期存款餘額增至 5 萬億日元左右；第四，為順利提供流動性，必要的話，將在規定限額的前提下長期增加日本國債的購買額度。

2001 年日本持續了通貨緊縮的環境，為此，日本銀行進一步加強了貨幣寬鬆措施。在 8 月 13 日及 14 日舉行的貨幣政策會議上，政策委員會成員們決定採取額外的寬鬆措施，將銀行的經常帳戶餘額從大約 5 萬億日元提高到大約 6 萬億日元，每月直接購買政府債券的金額從 4,000 億日元增加到 6,000 億日元。2001 年第二半財年，在 2 月 28 日舉行的會議上，大部分委員認為，隨著財政年度接近尾聲，根據金融市場的發展，流動資金需求可能會進一步增加。因此，日本銀行認為極為重要的是採取一切可能的措施，確保金融市場的穩定，以防止通貨

Chapter 4 通貨膨脹目標制
降息走不出通貨緊縮陰影的日本

緊縮的螺旋,並謀求可持續的經濟增長。委員們決定維持使銀行的經常帳戶餘額達到 10 至 15 萬億日元左右的目標;中央銀行對長期政府債券的直接購買從每月 8000 億日元增加到每月 1 萬億日元。委員會也決定立即研究擴大合格抵押品範圍的問題。

2002—2003 年日本依然處於通貨緊縮的環境中,不過到 2003 年通貨膨脹已上行到接近零的水準。2002 年的貨幣政策會議中,中央銀行決定繼續採取果斷的貨幣寬鬆措施,以支持經濟活動的改善以及維護金融市場的穩定。在 2003 年 4 月 7 日至 8 日的貨幣政策會議中,委員會成員決定臨時將貨幣市場操作的範圍擴展到購買資產支持證券,包括中小企業相關的資產支持商業票據,加強貨幣寬鬆的傳導機制以提供充足的流動性並有效地促進經濟增長。2003 年下半財政年度,在屢屢向上觸及零的通貨膨脹水準環境下,貨幣政策會議認為日本經濟和價格的發展預計將基本符合標準設想。

2004 年至 2005 年日本通貨膨脹水準圍繞零窄幅波動,徘徊在通貨緊縮與通貨膨脹之間,貨幣政策會議認為經濟活動和價格展望大致與前景相符,因而未進一步加大貨幣寬鬆的力度,連續兩個財年維持使銀行的經常帳戶餘額達到 30 萬億至 35 萬億日元左右的目標。不過,由於尚未徹底脫離通貨緊縮,因此,貨幣寬鬆的環境並未改變,中央銀行在 2005 年下半財年提交議

我們與億的距離
鈔票的真實價值，以貨幣儲備定錨

會的貨幣控制報告中指出，中央銀行承諾會維持量化寬鬆政策，直至消費物價指數年變化率持續為零或零以上。在3月舉行的會議上，決定將貨幣市場的操作目標從經常帳戶餘額改為無抵押隔夜拆借利率，並鼓勵無抵押隔夜拆借利率有效保持在零水準。此外，決定採用新的貨幣政策框架，並重新審視中央銀行對價格穩定的看法。

2006至2007年，日本脫離了通貨緊縮的環境，由於擔心低息政策的貨幣刺激會帶來物價上漲，日本中央銀行決定通過升息來降低貨幣政策刺激力度，分別在2006年7月和2007年2月舉行的貨幣政策會議中，將無抵押隔夜拆借利率上調到0.25%和0.5%左右。

2008年財政年度上半年的貨幣政策會議維持了0.5%的無抵押隔夜拆借利率，然而，由於2008年的金融危機爆發，下半年日本中央銀行採取了進一步的貨幣寬鬆政策。政策委員會在10月6日及7日的貨幣政策會議中還決定維持貨幣市場操作指引不變，鼓勵無抵押隔夜拆借利率維持在0.5%左右。但由於政策委員會認為經濟狀況一直在惡化，並且嚴重程度可能還會增加，隨後於10月31日降低了銀行無抵押隔夜拆借利率目標，並鼓勵其保持在0.3%左右。12月18日及19日的貨幣政策會議進一步調低了目標，並鼓勵無抵押隔夜拆借利率維持在0.1%

Chapter 4 通貨膨脹目標制
降息走不出通貨緊縮陰影的日本

左右。此外，政策委員會在 2008 財政年度下半年審議並實施了各種措施，以確保金融市場的穩定，例如，引入了美元資金供應操作，資金以固定利率提供，但總額沒有明確的上限；增加了日本政府債券的直接購買量；引入和擴大特別資金供應操作以便利公司融資；直接購買商業票據和公司債券等。

2009 至 2012 財年日本再度進入通貨緊縮的環境中。為克服通貨緊縮和恢復價格穩定，2009 財年維持了 2008 年末的貨幣寬鬆立場，無抵押隔夜拆借利率維持在 0.1% 左右，在 12 月 17 日和 18 日舉行的貨幣政策會議中，為了加強公眾對中央銀行價格穩定的理解，中央銀行表示，以按年度變化率計算的消費價格指數（CPI，Consumer Price Index）為指標，關於「中長期價格穩定」每個政策委員會成員的理解是在 2% 或更低的正數範圍內，大多數政策委員會成員的理解中點在 1% 左右。而在此之前，日本中央銀行的通貨膨脹目標為消費價格指數為零或零以上。

2010 財政年度上半年的無抵押隔夜拆借利率繼續維持在 0.1% 左右。2010 財政年度下半年設定無抵押隔夜拆借利率在 0 至 0.1% 左右。2011 年 3 月 11 日 14：46 在日本東北部太平洋海域發生了 9.0 級強烈地震，地震引發的巨大海嘯對日本東北部岩手縣、宮城縣、福島縣等地造成毀滅性破壞，並引發福島

我們與億的距離
鈔票的真實價值，以貨幣儲備定錨

第一核電站核泄漏。在地震發生後的當月，政策委員會決定進一步加強貨幣寬鬆政策，中央銀行將提供足夠的資金來滿足金融市場的需求，並將盡最大努力確保金融市場的穩定。此外，為了防止商業情緒惡化和金融市場的避險情緒加劇，使經濟活動受到不利影響，政策委員會決定，中央銀行將增加資產購買計劃的金額，主要是購買風險資產，總額增加約 5 萬億至 40 萬億日元。

2011 財年無抵押隔夜拆借利率維持在 0 至 0.1% 左右。為了支持地震的災後重建，政策委員會決定進一步加強貨幣寬鬆政策。在 8 月份的貨幣政策會議上，政策委員會決定將資產購買計劃的總規模從大約 40 萬億日元增加到大約 50 萬億日元。在 10 月 27 日的會議上，政策委員會決定將資產購買計劃的總規模增加約 5 萬億日元。在 2 月份的貨幣政策會議上，決定進一步加強貨幣寬鬆政策，以克服通貨緊縮，在物價穩定的情況下實現可持續增長。政策委員會提出了「中長期價格穩定目標」，通過推行貨幣寬鬆政策，實現 CPI 年同比增長 1% 的目標，並將繼續實施這一強有力的寬鬆政策，直到認為 1% 的目標就在眼前，並決定將資產購買計劃的總規模增加約 10 萬億日元。

2012 財年無抵押隔夜拆借利率維持在 0 至 0.1% 左右。由於經過多年的努力依然未能走出通貨緊縮的環境，2012 財年日

Chapter 4 通貨膨脹目標制
降息走不出通貨緊縮陰影的日本

本中央銀行頻繁擴大資產採購的規模，並首次將價格穩定目標從 CPI 年同比增長 1% 調高到 2%。消費者價格指數年同比變化 2% 的目標在 2013 年 1 月 22 日發布的「貨幣政策執行框架下的價格穩定目標」中設定。縱觀 2012 財年各次貨幣政策會議的決定，資產採購規模與範圍的無度擴張幾乎失去了控制，從該財年初到財年末，資產購買計劃總規模差不多翻了一番，不過這僅僅是開始，更無度的擴張還在後面。在 4 月 27 日的會議上，政策委員會決定將資產購買計劃的總規模增加約 5 萬億日元，從 65 萬億日元左右增加到 70 萬億日元左右，在 6 月底至 2013 年底之前完成該計劃下增加的購買量。在 7 月的貨幣政策會議上，政策委員會決定採取措施繼續實行貨幣寬鬆，將銀行固定利率資金供應操作的最高餘額減少約 5 萬億日元，直接購買國庫貼現票據的金額增加約 5 萬億日元；取消直接購買國庫貼現票據和商業票據的最低投標收益率。在 9 月份的會議上，政策委員會決定採取以下措施，以進一步加強貨幣寬鬆：

① 將資產購買計劃的總規模增加約 10 萬億日元，從約 70 萬億日元增至 80 萬億日元；
② 在 2013 年底左右完成該方案下增加的採購；
③ 取消直接購買日本政府債券和公司債券的最低投標收益率。在 10 月 30 日的貨幣政策會議上，進一步推行積極

我們與億的距離
鈔票的真實價值，以貨幣儲備定錨

的貨幣寬鬆政策，將資產購買計劃的總規模增加約 11 萬億日元，從約 80 萬億日元增加到約 91 萬億日元。在 12 月的會議上，又將資產購買計劃的總規模增加約 10 萬億日元，從約 91 萬億日元增加到約 101 萬億日元。

在 1 月份的會議上，政策委員會採取了更多措施，果斷地提供貨幣便利。具體而言，政策委員會決定：

① 在 CPI 同比變動率方面引入 2% 的「價格穩定目標」，並力求盡早實現這一目標；

② 在 2014 年開始實施「資產購買計劃」下的「開放式資產購買法」（即購買資產而不設定終止日期）。此外，決定與日本政府發表題為「政府和中央銀行關於克服通貨緊縮和實現可持續經濟增長的聯合聲明」以提高公眾的通貨膨脹預期。

2013 財政年度日本經濟再度從疲弱進入復甦，並且脫離了通貨緊縮的環境，不過通貨膨脹水準尚未達到中央銀行制定的 2% 的目標。為了達成 2% 的通貨膨脹目標，貨幣政策委員會在 4 月 3 日及 4 日舉行的會議上，決定推出量化與質化貨幣寬鬆政策（QQE, Quantitativeand Qualitative Monetary Easing）。該政策規定，中央銀行將盡早實現 CPI 同比變動率 2% 的價格穩定目標，期限約為兩年。為了做到這一點，將在數

Chapter 4 通貨膨脹目標制
降息走不出通貨緊縮陰影的日本

量和質量上進入貨幣寬鬆的新階段，在將貨幣市場操作的主要目標從無抵押隔夜拆借利率轉變為貨幣基礎後，日本中央銀行將在兩年內將貨幣基礎及日本國債、交易所交易基金（ETF）餘額翻一番，並將購買日本國債的平均剩餘期限提高一倍以上。量化寬鬆的具體內容如下：

① 採取「貨幣基礎控制」。為了推行量化貨幣寬鬆，貨幣市場操作的主要目標已由無抵押隔夜拆借利率轉變為貨幣基礎。日本中央銀行將進行貨幣市場操作，使貨幣基礎以每年 60 至 70 萬億日元的速度增長。

② 日本國債購買量增加並延長到期日。為了鼓勵利率進一步下降，中央銀行將購買日本國債，使其餘額以每年約 50 萬億日元的速度增長。此外，包括 40 年期債券在內的所有到期日的日本國債都有資格購買，中央銀行購買日本國債的平均剩餘期限將從略少於 3 年延長至大約 7 年———相當於日本國債餘額的平均期限。

③ 增加交易所交易基金（ETF）和日本房地產信託投資基金（J-REIT）的購買量。為了降低資產價格的風險溢價，中央銀行將購買 ETF 和 J-REIT，使其餘額分別以每年約 1 萬億日元和約 300 億日元的速度增長。

④ 繼續實行量化與質化寬鬆。中央銀行將繼續實行 QQE，

我們與億的距離
鈔票的真實價值，以貨幣儲備定錨

目標是實現 2% 的價格穩定目標，只要認為保持穩定的目標是必要的。2013 財政年度下半年政策委員會認為日本經濟正在溫和復甦，而貨幣政策維持在上半年的 4 月份實行量化寬鬆時確定的貨幣市場操作和資產購買計劃，並且認為只要有必要以穩定的方式維持這一目標，該行將繼續實行量化和質化貨幣寬鬆政策，以實現 2% 的價格穩定目標。

根據 QQE 的規定，將進行貨幣市場操作使貨幣基礎以每年 60 至 70 萬億日元的速度增長，資產採購計劃為：

① 購買日本國債，使餘額以每年約 50 萬億日元的速度增加，購買日本國債的平均剩餘期限將為 7 年左右。

② 購買交易所交易基金（ETF）和日本房地產信託投資基金（J-REIT），使餘額每年分別增加約 1 萬億日元和約 300 億日元。

③ 至於商業票據（Commercial Paper，CP）和公司債券，將繼續進行這些資產購買，直到餘額分別在 2013 年底達到約 2.2 萬億日元和約 3.2 萬億日元為止；此後，將維持這樣的餘額。

2014 財政年度上半年日本中央銀行繼續 QQE 的實施以實現 2% 的價格穩定目標，貨幣基礎、資產採購計劃等的金額與

Chapter 4 通貨膨脹目標制
降息走不出通貨緊縮陰影的日本

2013 下半財年完全一致。為繼續努力實現 2% 的價格穩定目標，2014 下半財年則擴大了量化寬鬆的政策，加快了貨幣基礎的增長步伐。中央銀行將進行貨幣市場操作，使貨幣基礎以每年約 80 萬億日元的速度增長（與過去相比，增加 10 至 20 萬億日元）。此外，增加資產購買，延長日本國債購買的平均剩餘期限。資產採購計劃為：

① 將購買日本國債使餘額每年增加約 80 萬億日元（與過去相比增加約 30 萬億日元）。為了鼓勵整個收益率曲線上的利率下降，將根據金融市場情況靈活地進行購買。日本中央銀行購買日本國債的平均剩餘期限將延長 7 至 10 年左右（與過去相比，期限最多延長了 3 年）。

② 中央銀行將購買交易所交易基金（ETF）和日本房地產信託投資基金（JREIT），使它們的餘額以每年約 3 萬億日元（與過去相比增長兩倍）和約 900 億日元（與過去相比增長兩倍）的速度增長。中央銀行將有資格購買追蹤日經 400 指數的 ETF。

2015 財年日本首次引入了負利率。2016 年 1 月 29 日，日本銀行提出「負利率量化與質化貨幣寬鬆」政策，正式啟動負利率。2015 財政年度上半年，日本銀行繼續 2014 年 10 月 31 日決定的貨幣市場操作與購買計劃，以繼續努力實現 2% 的價

我們與億的距離
鈔票的真實價值，以貨幣儲備定錨

格穩定目標，貨幣基礎與國債的購買均以每年約 80 萬億日元的速度增長，購買國債的剩餘期限維持在 7~10 年左右，ETF 與 J-REIT 餘額維持以每年約 3 萬億日元和約 900 億日元的速度遞增，商業票據和公司債券的餘額維持在 2.2 萬億日元和 3.2 萬億日元左右。2015 財年下半年共舉行了 6 次會議，在 12 月的會議中日本中央銀行決定延長購買國債的剩餘期限，截至 2015 年底，日本中央銀行購買日本國債的平均剩餘期限將在 7~10 年之間，並從 2016 年初延長至 7~12 年左右，貨幣基礎與資產購買的金額則與上半財年一致。在 1 月的貨幣政策會議上，則進一步引入了負利率量化與質化貨幣寬鬆政策，該政策下的貨幣基礎與資產購買行為維持不變，重點是對利率做了調整，首次應用負利率。該政策規定，中央銀行將對金融機構在該行持有的往來帳戶實行 -0.1% 的負利率，如果認為有必要，將進一步將利率降至更低的負值。

2016 財政年度上半年，貨幣政策委員會認為，日本經濟繼續保持溫和的復甦趨勢。由於 2% 的通貨膨脹目標依然未能實現，日本進一步引入了收益率曲線控制 QQE，並表示將繼續擴大貨幣基礎，直到觀察到的 CPI 同比增長率超過 2% 的價格穩定目標，並以穩定的方式高於目標。在 7 月的貨幣政策會議上，政策委員會決定加強貨幣寬鬆，中央銀行加大購買 ETF 的力度，

Chapter 4 通貨膨脹目標制
降息走不出通貨緊縮陰影的日本

使餘額以每年約 6 萬億日元的速度增長（幾乎是以前 3.3 萬億日元的兩倍），並且為確保日本企業和金融機構順利籌集外幣資金，擴大了中央銀行美元貸款計劃的規模，向金融機構提供日本政府證券使這些證券可以作為美元資金供應的抵押品。在 9 月份的貨幣政策會議上，政策委員會就「量化寬鬆」（QQE）和「負利率量化寬鬆」（QQEwitha Negative In-terest Rate）下的經濟活動和物價發展情況，以及它們的政策效果進行了全面評估。然而，評估結果顯示，將通貨膨脹目標提高到 2% 的貨幣政策目標並沒有達成，日本中央銀行的解釋是，「在銀行試圖將通貨膨脹預期提高至 2% 的過程中，觀察到的結果是通貨膨脹率由於原油價格下跌等各種外在因素而下降，在此情況下，由於適應性機制在日本通貨膨脹預期的形成中起到了相當大的作用，通貨膨脹預期下降，這似乎是阻礙實現 2% 的物價穩定目標的主要因素。」

由於 2% 的通貨膨脹目標未能達成，在全面評估之後，日本中央銀行認為有必要進一步採取措施，以更有力的方式提高通貨膨脹預期，盡早實現 2% 的價格穩定目標，因此，決定加強之前引入的「量化寬鬆」和「負利率量化寬鬆」兩個政策框架，進一步提出了加強貨幣寬鬆的新框架——「帶收益率曲線控制的量化寬鬆」（QQE with Yield Curve Control，由日本中央

我們與億的距離
鈔票的真實價值，以貨幣儲備定錨

銀行發布於 2016 年 9 月 21 日）。新框架表示，「首先，銀行決定採取承諾，允許通貨膨脹超過價格穩定目標，即將價格穩定目標由原來的 2% 調整為 2% 以上，以此提高通貨膨脹預期。其次，為了人們盡力從通貨緊縮的心態中轉移出來，中央銀行將致力於盡早實現 2% 的通貨膨脹，適當地採取新的政策框架與機制，以收益率曲線控制為核心，使中央銀行能夠根據經濟活動和價格的發展以及財務狀況做出更靈活的調整，增強貨幣寬鬆政策的可持續性。」收益率曲線控制 QQE 規定了短期政策利率和長期利率的目標水準，對於短期政策利率，中央銀行將對金融機構在銀行持有的往來帳戶中的政策利率餘額實行 -0.1% 的負利率。對於長期利率，日本中央銀行將購買日本政府債券（Japanese Government Bonds，JGBs），使 10 年期日本國債收益率保持在此前水準（約為 0%）。至於購買日本國債的數量，中央銀行將大致按照此前的速度進行購買，即每年增加約 80 萬億日元的日本國債餘額，目的是達到規定的長期利率的目標水準。具有廣泛期限的日本國債將繼續有資格購買，而中央銀行購買日本國債的平均剩餘期限準則將被廢除。關於 JGBs 以外的資產，中央銀行將購買 ETF 和 J-REIT，使它們的餘額以每年約 6 萬億日元和約 900 億日元的速度增長；至於 CP 和公司債券，銀行將分別將其餘額維持在 2.2 萬億日元和 3.2 萬億日

Chapter 4 通貨膨脹目標制
降息走不出通貨緊縮陰影的日本

元左右。2016財政年度的下半年維持了上半年的貨幣政策與經濟判斷,繼續收益率曲線控制QQE的執行,利率、資產購買計劃均沿用上半年的規定,但考慮到收益率曲線控制可能影響貨幣基礎,未再提及貨幣基礎的計劃增長金額。此後的2017年、2018年均維持了2016年的收益率曲線控制QQE政策。

我們與億的距離
鈔票的真實價值,以貨幣儲備定錨

無度的資產購買計劃

　　無論聯準會、歐洲中央銀行還是日本銀行,在提高通貨膨脹率的努力中,我們都可以看到其不遺餘力購買資產的行動。在認為利率已經降無可降的情況下,為了繼續寬鬆貨幣以提高通貨膨脹率,中央銀行不得不實施大規模的基礎貨幣投放,然而,儘管中央銀行能控制基礎貨幣的投放,但廣義的貨幣量是遠非中央銀行可以控制的,因此,儘管基礎貨幣量大幅增長了,廣義貨幣量的增長卻並不顯著,部分時間甚至未出現一致的波動。在實體經濟中發揮作用的包括廣義的貨幣量而並非局限於基礎貨幣量,通過資產購買計劃實施大規模的貨幣投放來控制貨幣總量並進而控制物價的操作,既無法控制貨幣總量又無法控制通貨膨脹。

　　隨著中央銀行資產購買規模的擴大,其購買範圍也不斷擴大,甚至從無風險市場延伸到了越來越廣泛的風險市場。中央銀行不同於普通商業銀行,中央銀行是貨幣發行機構,不是普通投資機構,因此,中央銀行的貨幣發行業務應參與的是無風險市場,不應如普通投資機構一樣承擔違約風險。

　　倘若中央銀行參與了風險市場,必然可能導致投資虧損。試

Chapter 4 通貨膨脹目標制
無度的資產購買計劃

想一下,如果中央銀行購入的資產發生了損失,誰來承擔這樣的損失?顯然,中央銀行不應該像普通企業一樣破產清算,也不應該以憑空加印貨幣的方式來彌補自身的虧損。

中央銀行應是適應市場需求被動供給貨幣的機構,而不應是主動投放貨幣的機構,中央銀行憑空加印貨幣購買資產,憑空加印貨幣的數量具有很大的主觀隨意性,並且以憑空加印的貨幣來持有實體經濟中的資產,相當於對原有貨幣持有者的掠奪。2008年金融危機後實施資產購買計劃的各國中央銀行持有了大量的風險資產,截至2018年末,日本銀行持有的交易所基金達到了東京證券交易所總市值的4%。倘若中央銀行憑空加印貨幣的行為不加以限制,中央銀行可以通過無限加印貨幣將一國財富集中到自己手裡,貨幣的信用將大打折扣。

中央銀行的風險資產購買行動形成了風險資產買賣價格的隨意操縱,這種操縱導致的資產定價混亂必然會阻礙實體經濟的正常發展。實體經濟沿著自身的軌道運行,資金的利率與資本的利潤率相對應,市場風險利率是實體經濟自身的平衡機制。企業能取得多大盈利,該以多高的利率借入資金是市場自發調整的結果;每個企業有多大的風險,融資時需要支付多高的風險溢價也是市場自發調整的結果。事實上,中央銀行也沒有能力合理準確地計算風險資產的風險溢價,風險溢價應由市場決

我們與億的距離
鈔票的真實價值，以貨幣儲備定錨

定，中央銀行直接購買風險資產的行為干擾了市場對風險資產的定價，形成了不當的價格波動，破壞了公平的市場環境，這將導致市場無所適從。這一行為必然助長市場的投機傾向，打擊實體經濟的生產經營積極性。

Chapter 4 通貨膨脹目標制
升息走不出通貨膨脹困境的俄羅斯

升息走不出通貨膨脹困境的俄羅斯

　　1990 年 6 月 12 日,俄羅斯聯邦第一次人民代表大會通過了俄聯邦國家主權宣言,標誌著俄羅斯脫離蘇聯獨立。1990 年 7 月 13 日,俄羅斯聯邦中央銀行(簡稱俄羅斯銀行)在蘇聯國家銀行俄羅斯共和國銀行的基礎上成立。俄羅斯銀行是俄羅斯唯一的國家貨幣和外匯管制機構。

　　不同於 2008 年金融危機後使用各種貨幣政策操作試圖提高通貨膨脹的眾多國家,常年高名義利率的俄羅斯面臨的問題不是低通貨膨脹,而是高通貨膨脹,因此,俄羅斯銀行的主要貨幣政策操作是升息抗通貨膨脹,而不是降息甚至實施資產購買計劃來提高通貨膨脹。與降息走不出通貨緊縮困境的日本相反的是,俄羅斯無論怎麼升息都擺脫不了高通貨膨脹的陰影。

　　1990 年代,將物價穩定視為最主要的、近乎唯一的貨幣政策目標的通貨膨脹目標制在一些已開發國家率先開始實施。儘管直到 2015 年,俄羅斯銀行才首次表示其貨幣政策執行通貨膨脹目標制,但 1990 年代,俄羅斯就已將通貨膨脹目標視為貨幣政策最主要的目標。不過,起初在實現通貨膨脹目標的途徑上,俄羅斯與實施貨幣供給量的眾多國家一樣,認為通貨膨脹主要

我們與億的距離
鈔票的真實價值，以貨幣儲備定錨

由貨幣供應量決定，因而將貨幣目標視為實現通貨膨脹目標的重要中間目標，因此，在通貨膨脹目標制正式實施以前，俄羅斯同樣經歷了從貨幣供給量到通貨膨脹目標制的摸索與轉變階段，部分過渡階段甚至難以分辨貨幣供給量與通貨膨脹目標制究竟誰占主要地位。

《國家貨幣政策指南》是俄羅斯重要的貨幣政策文件，俄羅斯銀行的年度報告也詳盡地記錄和解釋了貨幣政策的制定和執行過程。俄羅斯銀行在 1997 年的年度報告中指出，國家貨幣在國內和國外市場購買力的穩定被視為經濟增長的必要條件，同前幾年一樣，在 1997 年這依然是俄羅斯貨幣政策的主要目標。根據俄羅斯銀行的主要政策文件，俄羅斯不得不將通貨膨脹率降低到每年不到 12% 作為政策目標，並通過抑制 M2 貨幣供應的增長率和控制匯率動態來實現。俄羅斯銀行為了實現這一最終目標，在 1997 年控制了一整套關鍵貨幣指標。也就是說，俄羅斯控制的貨幣指標不僅包括貨幣供應指標，也包括盧布的匯率、利率水準和證券在貨幣市場上的收益率等。與此同時，隨著俄羅斯金融市場的發展，1997 年貨幣政策定性參數的作用顯著增強。

受 1997 年爆發的東南亞金融危機影響，1998 年俄羅斯的匯率政策受到了嚴峻的考驗，使得其不得不放棄了美元兌盧布

Chapter 4 通貨膨脹目標制
升息走不出通貨膨脹困境的俄羅斯

的匯率控制,轉而採用了浮動匯率。由於資本外流等因素導致對 M2 的需求大幅下降,1998 年中 M2 同比增速一度出現負增長,1998 年底 M2 同比增速回升到 21.28%。隨著浮動匯率的出現,對貨幣供應量的控制成為俄羅斯銀行抑制通貨膨脹的最重要的工具,貨幣政策目標從穩定國內和國外市場購買力調整為主要穩定國內市場購買力。1998 年開始,俄羅斯銀行每年制定貨幣政策目標的主要政策文件《統一國家貨幣政策指南》(Guidelinesfor Uniform State Monetary Policy) 更名為《單一國家貨幣政策指南》(Guidelines for the Single State Monetary Policy)。

1999 年,俄羅斯銀行認為,儘管面臨危機後復原期的種種問題,並且該年通貨膨脹和貨幣貶值預期較高,但決定該年貨幣政策的最終目標之一應是將通貨膨脹率降至 30%,與此同時,俄羅斯銀行決心將經濟衰退控制在 1% 至 3% 以內。俄羅斯銀行在浮動匯率制度的條件下實施了貨幣政策,在國內外匯市場上採取行動的主要目的是緩和因供求關係造成的盧布匯率劇烈波動,並保持和增加國際儲備。俄羅斯銀行認為控制貨幣供應尤為重要,因此認為 M2 增長約束是一個貨幣政策中間目標。貨幣供應量的年增長率目標與預測的宏觀經濟指標相對應,設定在 18% 至 26% 的範圍內。此外,由於該年第一季度開始的

我們與億的距離
鈔票的真實價值，以貨幣儲備定錨

生產增長、外貿形勢向好和資本外流減少，到該年上半年末，貨幣的需求開始增長。與此同時，由於俄羅斯與國際金融組織和私人債權人的關係不確定，俄羅斯政府不排除在最壞的情況下年通貨膨脹率高達 50% 的可能。最終，1999 年的實際通貨膨脹率為 36.5%，小幅高於該年的目標；1999 年末的 M2 同比增速為 57.5%，與 18% 至 26% 的目標範圍相去甚遠。

2000 年，俄羅斯銀行貨幣政策的最終目標是在國內生產總值增長 1.5% 的情況下，將通貨膨脹率降低到每年 18%。而這一年其實際通貨膨脹率為 20.2%，儘管未實現目標，但較 1999 年已大幅下跌。2000 年貨幣供應量 M2 的實際增長為 62.4%，而俄羅斯銀行「2000 年單一國家貨幣政策指南」預計的增長率為 21% 至 25%。這一年俄羅斯銀行一再降低再融資利率，從 1 月份的 45% 下降到了年末的 25%。實際上從 1998 年的金融危機開始，俄羅斯開啓了再融資利率的近十年的大幅下行，部分原因是為保證銀行體系的流動性與刺激疲軟的經濟，部分原因是跟隨市場變化而作的貨幣政策利率的滯後調整。

《2001 年單一國家貨幣政策指南》的最終目標是「將通貨膨脹率降低到每年 12% 至 14%，這相當於預計的 4% 至 5% 的國內生產總值增長」。開放經濟使得貨幣需求更不受本國控制，因而貨幣總量目標的實現面臨更大的不確定性。一方面，俄羅

Chapter 4 通貨膨脹目標制
升息走不出通貨膨脹困境的俄羅斯

斯銀行認為貨幣需求並不穩定，機械地控制貨幣總量目標並不能適應貨幣需求的變化，並且貨幣總量與通貨膨脹並不必然出現一致的變動，通過控制貨幣總量來控制通貨膨脹同樣面臨很大的不確定性；但另一方面，除了貨幣總量目標，俄羅斯銀行找不到其他反應貨幣政策實施成功程度的量化評價指標，因此，依然對貨幣總量目標是否實現給予了很大的重視。在 2001 年度報告中，俄羅斯銀行指出：「在過去幾年中，在浮動匯率和貨幣供應動態與通貨膨脹之間聯繫減弱的情況下，為使貨幣政策保持在預定限度內而做出的貨幣政策決定是基於對廣泛經濟指標的分析。……俄羅斯銀行預測 2001 年盧布貨幣供應的需求將增長 27% 至 34%。同時，俄羅斯銀行認識到貨幣供應的管理不是一個機械的過程，應該在通貨膨脹和通貨膨脹預期減緩的背景下評估對本國貨幣需求的變化。2001 年的實際通貨膨脹率為 18.6%，較 2000 年的 20.2% 下降。通貨膨脹率超過了 12% 至 14% 的原定目標，這並不意味著貨幣政策的放鬆，它反應了 2001 年結構性因素對價格動態的越來越大的影響。2001 年盧布匯率從 28.16 盧布兌 1 美元變為 30.14 盧布兌 1 美元。儘管實行了浮動匯率，但在某些時期，俄羅斯銀行也不得不進行貨幣干預，以防止盧布匯率急遽波動。對 2001 年貨幣狀況的分析表明，儘管俄羅斯經濟的貨幣供應增長與通貨膨脹之間存在著脆

我們與億的距離
鈔票的真實價值，以貨幣儲備定錨

弱的定量聯繫，但今年 M2 總量的實際增長 40.1% 僅略超過預計區間的上限。」

《2002 年單一國家貨幣政策指南》確定了貨幣政策的最終目標依然為將通貨膨脹降低到每年 12% 至 14%，俄羅斯銀行認為這一比率相當於預測的 3.5% 至 4.5% 的國內生產總值增長率。為了使通貨膨脹保持在既定的限度內，同時又保持可控的浮動匯率制度，俄羅斯銀行以貨幣供應量 M2 總量作為貨幣政策的中間目標。俄羅斯銀行認為，儘管貨幣供應量與外部經濟環境有不同的時間滯後且變化頻繁，但貨幣供應與通貨膨脹之間存在明顯的相互聯繫。由於服務價格很大一部分是由政府監管的，因此，通過貨幣監管迅速糾正通貨膨脹，對俄羅斯銀行來說不是一件容易的事。為了評估貨幣政策在任何特定階段與確定總的通貨膨脹率的相關性，俄羅斯銀行在 2002 年使用了核心通貨膨脹作為指標。2002 年度報告指出：「2002 年的實際通貨膨脹率為 15.1%，較 2001 年的 18.6% 下跌，核心通貨膨脹率為 10.2%，實際上與俄羅斯銀行認為的目標水準相當。由於俄羅斯在 2002 年繼續保持強勁的國際收支平衡，當年大部分時間貨幣供應增長的主要來源是俄羅斯銀行在國內市場購買外匯。2002 年貨幣供應量增長 32.3%，較上年增長 40.1% 顯著下降，總體上與貨幣需求預測路徑相吻合。然而，儘管國際收支強勁，

Chapter 4 通貨膨脹目標制
升息走不出通貨膨脹困境的俄羅斯

但通過收貨幣緊縮總量的動態來抵消政府管制的服務價格上漲的努力失敗了。2002 年，俄羅斯銀行通過執行操作和改變再融資利率來規範銀行部門的流動性，對商業銀行業務的利率動態產生了直接影響。在國際收支強勁的情況下，下調再融資利率並不意味著貨幣政策的放鬆，而是在通貨膨脹和通貨膨脹預期不斷下降的情況下，使其更接近現有利率。與此同時，在國際收支強勁的情況下，俄羅斯銀行為監管貨幣供應而採取的措施，未能導致貨幣供應增長放緩。」儘管 2001 年俄羅斯銀行質疑了貨幣總量與通貨膨脹的相互聯繫，但 2002 年，俄羅斯銀行再次認為貨幣供應量增速與通貨膨脹存在明顯的相互聯繫，只是這種聯繫存在時間滯後。俄羅斯銀行在控制貨幣供應量增速時使用的是較為廣義的貨幣供應量 M2，並且不同於美國等國曾頻繁實施的升息貨幣緊縮操作，此階段升息貨幣緊縮或降息寬鬆貨幣並非俄羅斯主要的貨幣供應量控制手段，2002 年的降息主要目的不在於寬鬆貨幣，而是根據市場環境的變化而作的盡量與市場一致的調整。然而，與美國等試圖控制貨幣總量的其他國家相同的是，俄羅斯也未能成功控制貨幣總量。儘管如此，由於沒有新的貨幣理論來指導變革，俄羅斯依然未放棄對於貨幣總量的控制。在 2003 年的年度報告中，俄羅斯銀行指出：「在本報告所述年度，俄羅斯銀行繼續使用 M2 總量作為主要的中

我們與億的距離
鈔票的真實價值,以貨幣儲備定錨

間貨幣政策基準。雖然通貨膨脹率與貨幣供應量增長之間的相互關係不那麼明顯,但貨幣供應動態仍然是評估貨幣因素對中期通貨膨脹趨勢發展的影響的必要指標。」

從 2004 年開始,儘管俄羅斯銀行依然未放棄貨幣供給量增速目標,但實際上,貨幣增速範圍的提出從之前的以控制為主逐漸轉向了以預測為主。《2004 年單一國家貨幣政策指南》預計 2004 年貨幣需求將增長 19% 至 25%,但同時考慮到匯率制度和貨幣總量動態與消費價格之間的短期聯繫減弱,俄羅斯銀行不認為貨幣增長的參數是僵化的,也不排除超過這些參數的可能性。俄羅斯銀行認為,貨幣供應的特點在很大程度上仍然是決定中期通貨膨脹趨勢的重要因素。由於實際的貨幣需求大幅超過了預測,在起草 2005 年國家貨幣政策指南時,俄羅斯銀行將 2004 年對貨幣需求增長的預測提高到 35% 至 40%。在 2005 年的年度報告中,俄羅斯銀行指出:「根據 M2 貨幣總量計算,2005 年貨幣需求增長預計為 20% 至 32%。與此同時,俄羅斯銀行並不認為貨幣需求的預期增長幅度是貨幣供應增長的嚴格限制,也不排除偏離其限制的可能性。這在很大程度上是由於貨幣供應增長對通貨膨脹影響的時間不穩定和國內外匯市場的客觀不確定性所致。然而,對貨幣和貨幣需求增長的預測仍然是當前貨幣狀況、通貨膨脹預期和確定中期通貨膨脹趨

Chapter 4 通貨膨脹目標制
升息走不出通貨膨脹困境的俄羅斯

勢的重要特徵。」從俄羅斯銀行 2005 年的年度報告的上述表述可以看出，貨幣總量的增速僅僅作為預測而不是目標，預測的範圍也比以往更為寬泛，並且允許實際的貨幣總量偏離預測值。這是俄羅斯銀行首次對不再將貨幣總量增速視為貨幣目標做出如此明確的表述，這意味著俄羅斯放棄貨幣供給量。俄羅斯控制貨幣總量的目的旨在控制通貨膨脹，然而，俄羅斯從未實現過貨幣總量目標，通過實現貨幣總量目標來實現通貨膨脹目標也就成了不可能。放棄貨幣供給量後，利率調整較大程度地代替了貨幣總量調整，但並沒有如貨幣供給量一樣制定利率目標，也就是說利率並沒有作為錨使用。儘管對貨幣總量與對利率的調整都有進行，但目標是達到指定的通貨膨脹水準，也就是說通貨膨脹目標制得到啟用，而「升息抗通貨膨脹」成了俄羅斯銀行實施通貨膨脹目標制的重要內容。

2006 年俄羅斯銀行採取了「升息貨幣緊縮抗通貨膨脹」的方式，但升息幅度並不大。俄羅斯銀行在 2006 年的年度報告中指出：「俄羅斯銀行推行貨幣政策旨在持續降低通貨膨脹和維持國家貨幣的穩定。……與 2005 年相比，2006 年俄羅斯銀行擴大了流動性吸收業務，這也有助於遏制貨幣供應的增長，並逐步降低通貨膨脹。為了實現其貨幣政策的目標，俄羅斯銀行使用了各種工具來吸收和向信貸機構提供流動性，包括公開市

我們與億的距離
鈔票的真實價值，以貨幣儲備定錨

場和常設工具的操作。鑒於國際收支狀況強勁，俄羅斯銀行加強了操作，以吸收大量流動性，包括提高這些操作的利率。」2006 年俄羅斯銀行設定消費價格上漲目標為不超過 8.5%，核心通貨膨脹目標在 7% 至 8%，預計國內生產總值的增長率在 4.0% 至 6.1% 之間。實際上，2006 年其 GDP 增長了 6.7%，消費價格上漲了 9%，核心通貨膨脹率達到 7.8%，經濟增速與通貨膨脹都略高於預期。

《2007 年單一國家貨幣政策指南》為消費者價格指數設定了 6.5% 至 8.0% 的目標，與該目標相對應的核心通貨膨脹率預計為 5.5% 至 7.0%，GDP 增長預計為 5.0% 至 6.6%。而實際情況是，2007 年的國內生產總值增長 8.1%，消費價格上升 11.9%，核心通貨膨脹率為 11.0%，經濟增速與通貨膨脹都大幅超過了預期上限。俄羅斯銀行認為，國外市場上的食品價格大幅增長等外部因素對本國通貨膨脹產生了重大影響，此外，受全球金融危機造成的流動性問題影響，大量資本流入與再融資規模擴大導致當年貨幣供應量增長快於預期。

2008 年金融危機的爆發使得全球各國的貨幣政策操作受到了很大的影響。不同於 2008 年金融危機後大幅降低利率的世界各國，俄羅斯銀行反而大幅提高了利率。俄羅斯銀行在 2008 年的年度報告中指出：「2008 年上半年，全球食品和能源價格穩

Chapter 4 通貨膨脹目標制
升息走不出通貨膨脹困境的俄羅斯

步上漲推動了國內消費價格的增長，俄羅斯中央銀行採取措施抑制通貨膨脹，提高了其操作的利率以及規定的準備金比率。8月份，全球金融危機的不利影響和國際市場上石油價格的大幅下跌，使俄羅斯經濟的基本條件開始發生巨大變化。資本外流增加，俄羅斯證券價格急遽下跌，以及俄羅斯銀行在世界資本市場籌集資金方面面臨的問題，削弱了俄羅斯的國際收支平衡，並造成了盧布持續貶值的預期。這種情況需要採取措施，防止國內外匯市場出現動盪，並創造條件使俄羅斯經濟更容易適應變化後的外部因素。為了防止貨幣急遽貶值，俄羅斯銀行在國內外匯市場上拋售外幣，11月11日開始逐步貶值本國貨幣，這一過程於2009年1月23日結束。2008年下半年外部和內部因素的變化導致銀行部門流動性收縮，貸款活動減少，迫使俄羅斯銀行採取措施，維持銀行體系的穩健性和運作。因此，俄羅斯銀行為遏制資本外流和抑制通貨膨脹壓力而提高利率的同時，盧布流動性注入也出現了大幅增長。」從2008年的年度報告中可以看到，升息抑制通貨膨脹與遏制資本外流是俄羅斯銀行在2008年實施的主要貨幣政策操作。然而，試圖「升息抗通貨膨脹與抑制匯率貶值」的俄羅斯，通貨膨脹水準卻大幅超過了目標上限，匯率也出現了大幅貶值。相反，大幅降低利率的其他世界各國，通貨膨脹水準卻下降到了低位。俄羅斯銀行將2008

我們與億的距離
鈔票的真實價值，以貨幣儲備定錨

年消費價格通貨膨脹目標設定在 6% 至 7%，核心通貨膨脹率預計在 5% 至 6%，GDP 增長率預計在 5.4% 至 6.7% 之間。事實上，GDP 增長了 5.6%，消費價格上漲了 13.3%，核心通貨膨脹率達到了 13.6%。實際經濟增速在預測範圍之內，實際通貨膨脹水準卻遠遠超過了目標通貨膨脹水準。

《2009 年俄羅斯銀行單一國家貨幣政策指南》開始著眼於未來三年的經濟預測與貨幣政策制定，並預測 2009 年的通貨膨脹將放緩至 7.0% 至 8.5%。俄羅斯銀行認為，實現這一目標在很大程度上取決於 2008 年底世界金融和經濟動盪所創造的宏觀經濟條件。2009 年初俄羅斯銀行實施了「升息抗通貨膨脹」的措施，但在經濟與通貨膨脹下行的環境下，在其後的月份大幅降低了利率以維持銀行業的穩定與促進經濟復甦。2009 年 12 月 CPI 同比增長 8.8%，接近通貨膨脹目標範圍的上限 8.5%。俄羅斯銀行在 2009 年的年度報告中指出：「隨著資本大量外流，以及俄羅斯推動盧布逐步貶值的國家政策繼續下去，年初人們對盧布貶值的預期越來越高。銀行部門流動性嚴重短缺，貸款活動減少，對經濟動態產生了負面影響。因此，在處理抑制通貨膨脹問題的同時，俄羅斯銀行必須採取措施維持銀行業的穩定，為經濟從危機中逐步復甦創造條件。2008 年秋季開始的總需求下降抑制了價格增長。然而，在 2009 年頭幾個月裡，由於

Chapter 4 通貨膨脹目標制
升息走不出通貨膨脹困境的俄羅斯

盧布貶值導致的消費進口價格上漲加速了。為遏制資本外流，穩定國內外匯市場形勢，遏制通貨膨脹，2009年2月，俄羅斯銀行曾兩次上調操作利率。2009年初信貸機構面臨的流動性問題要求俄羅斯銀行採取行動支持銀行業，因此，俄羅斯銀行繼續增加條件，擴大向信貸機構提供的流動性，並擴大貸款抵押品可接受的資產清單範圍。」

《2010年以及2011年和2012年單一國家貨幣政策指南》指出，貨幣政策的主要目標是通貨膨脹，俄羅斯政府和俄羅斯銀行計劃在2010年將通貨膨脹率降低到9%至10%。為促進經濟危機後的復甦進程，俄羅斯銀行在2010年依然實施了降息操作。俄羅斯銀行在2010年的年度報告中表示：「鑒於通貨膨脹放緩和通貨膨脹預期降低，俄羅斯銀行在2010年頭6個月內四次降息，其隔夜貸款和再融資利率從8.75%降至7.75%，最低隔夜回購利率由6.0%降至5.0%，隔夜存款及活期存款利率則由3.5%降至2.5%。這有助於增加實體部門獲得借款的機會，增加銀行部門的貸款業務，創造有利於國內需求復甦的環境，並限制短期投機資本的流入。」2010年通貨膨脹率有較大波動，至2010年12月CPI同比增長8.8%，接近單一國家貨幣政策指南制定的通貨膨脹目標範圍的下限9%。

2011年至2013年，經濟增長放緩，通貨膨脹水準較往年降

我們與億的距離
鈔票的真實價值，以貨幣儲備定錨

至了較低位置，儘管在通貨膨脹上行的階段俄羅斯實施了「升息抗通貨膨脹」的操作，但總的來說，從 2011 年第四季度開始，貨幣政策利率未做大的調整。在 2011 年的年度報告中，俄羅斯銀行表示：「鑒於高通貨膨脹率、高通貨膨脹預期以及世界商品和金融市場的不穩定局勢，俄羅斯銀行在 2011 年上半年分階段提高了所有操作活動的利率，並提高了存款準備金率。2011 年第二季度，一些消費品的價格增長率開始放緩，通貨膨脹增長也是如此。此外，貨幣供應方面逐步減輕通貨膨脹壓力的先決條件也出現了。2011 年下半年，俄羅斯銀行沒有改變其貨幣政策的方向。」通貨膨脹放緩使得俄羅斯銀行在 2011 年下半年沒有繼續實施升息行動。在 2012 年的年度報告中，俄羅斯銀行提到，鑒於貸款活動頻繁，俄羅斯銀行決定從 2012 年 9 月 14 日起將再融資利率和操作利率提高 0.25 個百分點，以抑制通貨膨脹預期。2013 年俄羅斯銀行未對利率做出調整，在 2013 年的年度報告中，俄羅斯銀行表示：「從中期來看，俄羅斯中央銀行貨幣政策的主要目標是確保價格穩定。價格穩定被理解為實現和維持穩定的、低的通貨膨脹率，這對於保證均衡和可持續的經濟增長至關重要。根據 2013 年、2014 年、2015 年單一國家貨幣政策指南，2013 年消費價格指數的目標範圍為 5% 至 6%。俄羅斯銀行根據宏觀經濟預測和對偏離目標的通貨膨脹風

Chapter 4 通貨膨脹目標制
升息走不出通貨膨脹困境的俄羅斯

險的評估,對其操作利率做出決定。2013 年,在俄羅斯經濟增長率較低的情況下,考慮到導致消費價格增長加速的因素的短期性質,俄羅斯銀行將其主要操作的利率保持不變。俄羅斯銀行計劃於 2016 年 1 月 1 日前將再融資利率與關鍵利率掛勾。在此日期之前,再融資利率僅用於參考。」截至 2013 年底,通貨膨脹率為 6.5%,超出設定的目標範圍上限。

2014 年是值得特別關注的一年。這一年俄羅斯銀行實施了自 21 世紀以來最劇烈的一次升息,較 2008 年金融危機時幅度更大,升息的目的主要在於抑制通貨膨脹與盧布貶值。然而,伴隨升息而來的是 21 世紀以來俄羅斯最嚴重的一次惡性通貨膨脹與盧布貶值,升息的目的並沒有達成,2014 年升息而導致的利率上行早於通貨膨脹增速的上行,2014 年 12 月,CPI 同比增速 11.4%,大幅高於通貨膨脹目標。而此前,在 2008 年的原油價格大幅下行中,俄羅斯執行了與 2014 年類似的貨幣政策操作,為防止資本外流並遏制盧布貶值,俄羅斯大幅提高了利率,而利率的大幅提高伴隨著通貨膨脹水準的居高不下。在 2014 年的年度報告中,俄羅斯銀行詳細闡述了該年的整個升息過程:

「……2014 年通貨膨脹目標為 5%,然而,2014 年俄羅斯經濟面臨著一些負面的外部衝擊,導致俄羅斯銀行實施其貨幣政策的條件基本上偏離了宏觀經濟發展的基準設想中提出的假設。

我們與億的距離
鈔票的真實價值，以貨幣儲備定錨

俄羅斯中央銀行就其關鍵利率水準做出了決定——基於對經濟發展趨勢的分析、對宏觀經濟預測和對中期通貨膨脹偏離目標的通貨膨脹風險的評估，同時考慮到貨幣政策對隨時間分布的經濟指標的影響，隨著通貨膨脹風險的增加以及主要由結構性因素引起的經濟增長放緩，俄羅斯中央銀行於 2014 年上調了其關鍵利率。

2014 年，俄羅斯中央銀行在不利的外部經濟條件下推行貨幣政策，這些外部經濟條件對經濟增長前景產生了顯著的支持通貨膨脹效應，同時也對經濟增長前景產生了負面影響。從 2014 年 3 月開始的地緣政治緊張局勢日益加劇，資本外流加劇，俄羅斯公司和銀行進入國際金融市場的機會受到限制，這些都是金融市場各部門波動加劇、經濟代理人的預期惡化以及國內外匯市場供求平衡變化的因素。2014 年下半年，石油價格大幅下跌是俄羅斯經濟面臨的主要挑戰，導致外部經濟活動的收入減少，盧布貶值，以及對價格和金融穩定的風險增加。通貨膨脹壓力暫時增加的另一個來源是，從 2014 年 8 月開始，對俄羅斯一些食品實行進口限制。

2014 年經濟增長放緩對通貨膨脹沒有明顯的限制作用，因為這主要是由結構性因素造成的。由於盧布貶值和持續的高經濟不確定性引起的各種商品和服務價格的加速增長，對經濟實

Chapter 4 通貨膨脹目標制
升息走不出通貨膨脹困境的俄羅斯

體的通貨膨脹預期產生了向上的壓力，在中期產生了打擊通貨膨脹目標的風險。在這些條件下，自 2014 年 3 月以來，俄羅斯銀行六次升息決定總共將其關鍵利率增加 11.50 個百分點。自 2014 年 12 月 16 日以來，關鍵利率上升了 6.50 個百分點至 17.00%。鑒於 2014 年消費價格增長的加速在很大程度上是由不可預見的外部因素造成的，而且貨幣政策對價格動態的影響在關鍵利率發生變化後有 12 至 18 個月的滯後時間，2014 年不可能將通貨膨脹降至 5% 的目標。到年底，這一數字為 11.4%。然而，貨幣政策緊縮有助於穩定各經濟實體之間的通貨膨脹和貶值預期，增強它們的儲蓄傾向，從而能夠限制不利的外部因素對價格增長加速的影響，並旨在創造必要條件，在中期逐步將通貨膨脹降至目標水準。俄羅斯經濟在 2014 年面臨的困難條件使得有必要與其他貨幣政策措施一起實施一些非標準措施，以支持經濟發展的優先領域。」從上述闡述可以看到，俄羅斯銀行找了各種無法控制的外部因素來解釋通貨膨脹目標的未能順利達成，事實上，影響價格的市場因素也不是中央銀行可以控制的，通貨膨脹目標制的設計本身存在缺陷。

2014 年的大升息後是 2015 年的大降息，此次降息早於通貨膨脹增速的下行，且一直持續到了 2017 年末。從急遽的升息到急遽的降息，俄羅斯銀行並未對這一迅速轉變做出解釋。從 20

我們與億的距離
鈔票的真實價值，以貨幣儲備定錨

世紀至 21 世紀，利率常常在各國中央銀行的劇烈調整中劇烈波動。「升息抗通貨膨脹」的理論是無法解釋利率與通貨膨脹的同向波動的，而在我們常稱之為基欽週期的約三年的短週期波動中，一輪週期的頂點至底部的時間通常在一年半至兩年，因而，經濟學界認為利率與通貨膨脹是滯後大約一年半至兩年反向波動的。正因為如此，俄羅斯銀行在 2015 年的年度報告中表示「貨幣政策不會立即影響經濟，而是逐步影響經濟（長達兩年）」，在 2014 年的年度報告中則表示「貨幣政策對價格動態的影響在關鍵利率發生變化後有 12 至 18 個月的滯後時間」。然而，倘若升息對通貨膨脹影響的時滯長達兩年，各國中央銀行顯然不應實施如此緊迫而劇烈的升息來抑制通貨膨脹的上升，也不應在劇烈的升息後緊接著實施劇烈的降息而不靜待升息帶來的降通貨膨脹效果。

2015 年俄羅斯銀行首次將其貨幣政策表述為通貨膨脹目標制，儘管在此之前，已實質上實施了通貨膨脹目標制。不過，2015 年俄羅斯依然處於高通貨膨脹中，雖然增速較上年略有下降，但 2015 年 12 月 CPI 年同比增速還是達到了 12.9% 的高位。對於 2015 年的貨幣政策操作，俄羅斯銀行在該年的年度報告中表示：「自 2015 年以來，俄羅斯銀行一直在作為通貨膨脹目標制的一部分實施貨幣政策。其主要貨幣政策目標是確保價格穩

Chapter 4 通貨膨脹目標制
升息走不出通貨膨脹困境的俄羅斯

定,這意味著實現並維持可持續的低通貨膨脹。價格穩定為長期規劃和經濟決策創造了更可預測的環境,並保持了貨幣購買力,從而有助於增強對本國貨幣的信心,並為投資增長和經濟結構改革創造必要條件。為了實現其目標,俄羅斯銀行主要影響經濟中的貨幣價格,即利率。為此,俄羅斯銀行設定了一個關鍵利率,並開展操作,使隔夜貨幣市場的利率更接近關鍵利率。鑑於貨幣政策不會立即影響經濟,而是逐步影響經濟(長達兩年),關鍵利率的決定是根據宏觀經濟預測做出的。此外,為了有效執行貨幣政策,俄羅斯銀行堅持開放原則,從而提高了政策的透明度。2015年、2016年和2017年的《單一國家貨幣政策指南》設定了一個目標,即在2017年將通貨膨脹降低到4%,並在此後保持這一水準。因此,2015年俄羅斯銀行在其關鍵利率決策中以實現這一目標的必要性為指導。考慮到經濟形勢的不同發展情景,俄羅斯銀行尋求選擇降低通貨膨脹的最佳途徑,這是在關鍵利率變動的特定路徑下實現的。與此同時,俄羅斯銀行在其決策中考慮到了俄羅斯經濟的機遇,同時也考慮到了維持金融穩定的必要性。2015年,俄羅斯中央銀行在不利的外部經濟環境和持續高不確定性的經濟增長前景下推行貨幣政策。」總的來說,正如在年度報告中所提到的,俄羅斯銀行的貨幣政策是較為透明的,在相關政策文件中對貨幣政策的

我們與億的距離
鈔票的真實價值，以貨幣儲備定錨

執行思路與過程描繪得較為詳細，俄羅斯銀行明確表示其貨幣政策執行通貨膨脹目標制，並且主要通過影響利率的方式來影響通貨膨脹，而依據的邏輯為「升息抗通貨膨脹」，這也是全球各國中央銀行目前廣泛使用的邏輯。

2016 年，俄羅斯銀行繼續了 2015 年執行的通貨膨脹目標制，目標依然是在 2017 年將年通貨膨脹率降至 4% 並維持在這一水準。俄羅斯銀行在 2016 年的年度報告中表示，「在大多數不利的外部因素中，俄羅斯銀行考慮到需要確保整個經濟的金融穩定和快速恢復的能力。關鍵利率仍然是貨幣政策的主要工具，俄羅斯銀行根據中期經濟發展預測對其水準做出決定，這一預測是定期更新和規定的。決定關鍵利率水準的主要的重點不是短期因素，而是關於經濟的可持續長期趨勢，在全球市場多變的環境中，這種做法有可能避免利率的不合理波動，同時有助於通貨膨脹目標的實現。」從上述表述可以看到，在 2014 年的劇烈升息與 2015 年的劇烈降息之後，俄羅斯銀行意識到了利率頻繁劇烈的波動對經濟造成的不利影響，然而，何為合理的利率波動，何為不合理的利率波動，俄羅斯銀行並未對此做出定義，全球各國中央銀行也未對此做出定義。在 2016 年的年度報告中，俄羅斯銀行還表示：「早期的政策寬鬆會導致消費者價格的快速增長和更高的通貨膨脹預期，從而阻礙了在 2017

Chapter 4 通貨膨脹目標制
升息走不出通貨膨脹困境的俄羅斯

年甚至在未來實現通貨膨脹目標。此外,這種政策對經濟增長的積極影響只能是短期的,因為限制產出增長的因素主要是結構和體制性質,這些限制不能用貨幣政策措施消除。不合理的關鍵利率削減將導致國家資產的吸引力低,盧布貶值,這與加速通貨膨脹和相關的不確定性相結合對投資決策產生不利影響。此外,這種貸款的刺激也會導致債務負擔的過度增長和金融部門不平衡的累積。為了排除這種情況下的事態發展,在整個2016年期間,俄羅斯銀行在做出貨幣政策決定時堅持平衡的做法。接近今年年中,人們對2017年實現通貨膨脹目標的信心有所增強,這使得俄羅斯中央銀行將關鍵利率下調了兩次(6月和9月),結果在年底達到了10.00%。關鍵利率的這一路徑相應地影響了銀行利率和金融工具收益率的動態變化。名義利率下降,但考慮到通貨膨脹減緩,實際利率仍然是正值,並繼續刺激家庭和公司的儲蓄行為。因此,儘管利率有所下降,但沒有需求方的通貨膨脹壓力。結果,2015年12月的年度通貨膨脹率從2015年12月的12.9%降至2016年12月的5.4%,接近歷史低點。」2016年貨幣政策利率雖有下調,但總的來說較為平緩,儘管通貨膨脹增速下行,但俄羅斯銀行認為早期的降息等貨幣政策寬鬆措施可能導致通貨膨脹與通貨膨脹預期的上升,並且下調利率可能降低盧布等俄羅斯資產的吸引力,因此,對

我們與億的距離
鈔票的真實價值，以貨幣儲備定錨

利率的下調較為謹慎。但是，由於通貨膨脹的快速下降，俄羅斯銀行不再擔心通貨膨脹壓力，因而進一步採取了寬鬆措施降低了關鍵利率。

俄羅斯銀行的通貨膨脹目標是至 2017 年達到 4% 並且此後穩定在這一水準，然而，2017 年 12 月，通貨膨脹率降至了 2.5% 這一始料未及的歷史低位。儘管對於長期高通貨膨脹的俄羅斯來說，實施通貨膨脹目標制降低通貨膨脹正是俄羅斯銀行希望實現的。對這一低通貨膨脹水準的到來，俄羅斯銀行認為是由於通貨膨脹預期、原油價格波動、天氣原因導致的農產品收成等種種不可控因素。

在 2017 年的年度報告中，俄羅斯銀行表示：「關鍵利率仍然是貨幣政策的主要工具。關鍵利率的變化通過傳導機制影響消費價格的動態變化，形成相互關係長鏈。這就是為什麼俄羅斯銀行在宏觀經濟預測的基礎上，從穩定的趨勢和長期的因素出發做出關鍵利率決定的原因。這樣做可以避免關鍵利率經常發生不同的變化，並確保利率的穩定和經濟環境的確定性。在宏觀經濟預測和通貨膨脹風險評估的基礎上，2017 年，俄羅斯銀行做出了將利率從 10% 逐步下調至 7.75% 的決定。在對預測假設採取保守做法之後，俄羅斯銀行考慮到延長石油產量削減協議的不確定性以及未加入該協定的國家擴大石油供應可能對

Chapter 4 通貨膨脹目標制
升息走不出通貨膨脹困境的俄羅斯

石油報價造成的下行壓力（美國頁岩油產量的增長以及利比亞和尼日利亞的產量恢復）。……俄羅斯銀行在做出關鍵利率決策時，試圖創造貨幣條件，確保經濟平衡增長，同時又不增加通貨膨脹壓力或造成金融失衡，這將使通貨膨脹率穩定在接近4%的水準上成為可能。逐步降低關鍵利率和適度緊縮貨幣政策與實現這一目標是一致的。關鍵利率逐漸下降的目的是保持儲蓄對盧布的吸引力，適度信貸增長，從而根據生產能力恢復消費者活動。

通貨膨脹預期動態是俄羅斯中央銀行在預測和關鍵利率決策中考慮的另一個重要因素。隨著通貨膨脹率接近4%，這一趨勢在未來的預測保持不變，它們的下降是2017年關鍵利率下降的重要條件之一。全年通貨膨脹預期動態仍然是通貨膨脹風險的一個來源。由於通貨膨脹預期增長的風險，俄羅斯中央銀行在2017年1月和7月保持關鍵利率不變。1月，這些風險與俄羅斯財政部宣布將開始在國內外匯市場購買外幣以補充國家財富基金有關，以及這將如何影響匯率和通貨膨脹預期的不確定性。然而，在2月開始這些行動之後，外匯市場的局勢保持穩定，通貨膨脹預期繼續下降。在初夏，通貨膨脹預期的暫時增長與蔬菜和水果價格在耗盡的蔬菜作物儲量、不利的氣候條件和2017年收成前景惡化的背景下的上升有關。隨著新收穫的到

我們與億的距離
鈔票的真實價值，以貨幣儲備定錨

來，其預測有所改善，蔬菜和水果價格的增長放緩，通貨膨脹預期繼續下降，這使得俄羅斯中央銀行能夠繼續放鬆貨幣政策。在做出關於逐步減少其關鍵利率的決定時，俄羅斯中央銀行還考慮到了這些暫時因素的重大影響，如豐收和更堅挺的盧布對2017年的通貨膨脹產生動態影響。

這些因素具有可變的性質，因此，他們對價格的影響可能會很快改變。從實現通貨膨脹目標的角度來看，基於臨時因素動態的決策涉及重大風險。俄羅斯銀行在做出關鍵利率決策時，考慮到了高度不確定的天氣條件，沒有考慮到好收成及其對食品價格的重大下行影響。然而，天氣條件是有利的，隨之而來的通貨膨脹風險並沒有成為現實。按照保守的預測方法，並假設油價降至每桶40美元左右，俄羅斯中央銀行也沒有預測盧布升值。然而，2017年的油價最終超過了俄羅斯中央銀行預測的基準情景，從而推動了盧布升值。豐收和盧布堅挺是2017年12月通貨膨脹降至2.5%的主要因素。隨著這些暫時性因素對物價停止影響，通貨膨脹將回到4%。2017年，在實行浮動匯率制度後，俄羅斯中央銀行沒有採取外匯干預措施，以影響盧布匯率或盧布匯率的變化。」石油經濟占俄羅斯經濟的較大比重，俄羅斯貨幣政策對2008年與2014年的油價波動都做出了較大的反應，然而，急遽的利率波動不僅不能帶來經濟的平穩

Chapter 4 通貨膨脹目標制
升息走不出通貨膨脹困境的俄羅斯

發展,反而造成了更大的經濟動盪,俄羅斯銀行逐漸意識到利率穩定的重要性,對油價波動、匯率波動等,2017年的貨幣政策反應較以往更為緩和。2014年俄羅斯銀行試圖升息抗通貨膨脹卻迎來了急遽的通貨膨脹上升,2015年後的大降息反倒迎來了通貨膨脹的下行,至2017年俄羅斯進入了前所未有的低通貨膨脹環境。從2017年的年度報告中可以看出,基於「升息抗通貨膨脹」的邏輯,面對通貨膨脹的下降,俄羅斯試圖降低利率放鬆貨幣政策,但2017年的利率與通貨膨脹水準卻同時出現了大幅下行。儘管俄羅斯的通貨膨脹水準終於降至了較低位置,但通貨膨脹水準的降低並不是通過升息實現的,相反是在持續的降息之後,不過,4%的通貨膨脹目標依然未能實現,2018年高於目標、2019年低於目標,未來走向如何,既受到經濟的影響,也受到俄羅斯貨幣政策的影響。

我們與億的距離
鈔票的真實價值,以貨幣儲備定錨

不變的舵

　　我們看到了各國在追逐通貨膨脹目標過程中所做的不懈努力,然而,依然沒有一個國家能準確地實現通貨膨脹目標。究竟是通貨膨脹目標原本就不可能實現,還是我們實現通貨膨脹目標的路徑出了問題?

　　本書在分析貨幣供給量時就提到過,聯準會以利率為舵來調整進入錨地的貨幣船數量,並試圖通過提高利率減少進入錨地的船隻,達到「升息貨幣緊縮抗通貨膨脹」的目的。然而,歷史數據足以證實升息未必貨幣緊縮,利率的上升並不必然對應貨幣總量增速的下行,同樣利率的下降也不必然對應貨幣總量增速的上行,甚至在很多時候與之相反,升息對應的是貨幣總量增速的更大上行,降息對應的是貨幣總量增速的更大下行。然而,升息為何不能貨幣緊縮?從貨幣供給量開始,這個縈繞在我們心底的結始終沒有解開。因此,儘管放棄了貨幣供給量,在通貨膨脹目標制實施期間,中央銀行依然希望通過升息來貨幣緊縮達到控制通貨膨脹的目的或者通過降息寬鬆貨幣來提高通貨膨脹。只不過在貨幣供給量實施期間更側重於「升息貨幣緊縮」,而在通貨膨脹目標制實施期間更側重於「升息抗通貨

Chapter 4 通貨膨脹目標制
不變的舵

膨脹」。

　回顧通貨膨脹目標的追求過程，「升息抗通貨膨脹」或「降息提高通貨膨脹」是各國中央銀行廣泛使用的操作措施。然而，既然升息未必貨幣緊縮，那麼升息如何實現抗通貨膨脹呢？「通貨膨脹目標制」實施期間的「升息抗通貨膨脹」與「貨幣供給量」實施期間的「升息貨幣緊縮」實質上是同一邏輯，只不過既然放棄了貨幣供給量，那麼「貨幣緊縮」的重要性下降了，中央銀行更關心的是「抗通貨膨脹」。因此，相比較於貨幣供給量實施時期，通貨膨脹目標制實施時期利率的調整更多的是基於通貨膨脹的變化而不是貨幣總量的變化，貨幣政策利率常常出現滯後於通貨膨脹率的同向波動，當通貨膨脹率上升時，中央銀行就提高貨幣政策利率，當通貨膨脹率下降時中央銀行就降低貨幣政策利率。不過，對利率調整的幅度越來越謹慎，這就使得微小的利率波動對通貨膨脹率的影響較小，通貨膨脹率的變化更合理地反應了實體經濟狀況的發展，受貨幣政策利率變化的干擾降低。

　直至今天，「升息抗通貨膨脹」的邏輯依然被廣泛採用。瑞典銀行（Sveriges Riksbank）網站上有一篇題為《貨幣政策怎樣影響通貨膨脹》（How monetary policy affects inflation）的文章，這篇文章很好地總結和分析了直至當前經濟學界與金

我們與億的距離
鈔票的真實價值，以貨幣儲備定錨

融界廣泛認同的「升息貨幣緊縮抗通貨膨脹」的貨幣與通貨膨脹關係的觀點。該文章指出，「貨幣政策對實體經濟比如產出和就業的影響方式，以及對通貨膨脹的影響方式，被稱為貨幣政策傳導機制。傳導機制實際上不是一個而是幾個相互作用的不同機制。其中有些對通貨膨脹有或多或少的直接影響，而另一些則需要更長的時間才能產生效果。一般認為，在一至兩年後，回購利率的變動對通貨膨脹的影響最大。然而，瑞典和國際上 2011 年債務危機之後的經驗表明，儘管政策利率很低，甚至是負的，通貨膨脹率可能長期低於目標。」事實上，利率與通貨膨脹常常表現出較為同步的同向變動特徵。然而，根據「升息抗通貨膨脹」的觀點，利率對通貨膨脹的影回應是反向關係，它不能解釋利率與通貨膨脹的同向變動，因此，學界將之解釋為滯後的反向變動關係。由於基欽週期的短週期波動一般為三至四年，因此，滯後的時間為一至兩年，這一點，筆者在前文分析俄羅斯的貨幣政策操作時也闡述過。不過，2008 年的金融危機之後，眾多已開發國家長期實施了較為穩定的、近乎零的低利率，而通貨膨脹率卻維持在較低的水準，這一點顯然與「升息抗通貨膨脹」的觀點大相徑庭。如果「升息抗通貨膨脹」成立，大幅的降息與低利率應該會帶來高通貨膨脹，就算沒有立即帶來高通貨膨脹，在長期的低利率實施後也應該在滯後一至兩年

Chapter 4 通貨膨脹目標制
不變的舵

後帶來高通貨膨脹,但事實並非如此。瑞典銀行也注意到了這一點,但對此難以做出解釋,因此特別提到,經驗表明低利率環境也可能出現長期的低通貨膨脹率。

瑞典銀行這篇文章進一步指出,貨幣政策傳導機制通過市場利率影響需求可以描述為三種主要渠道:利率渠道、信貸渠道和匯率渠道。從利率渠道看,「較高的利率通常會導致家庭消費減少。發生這種情況有幾個原因:較高的利率使儲蓄更具吸引力,即推遲消費從而減少目前的消費。消費下降也是因為現有貸款的利息支付成本更高。最後,較高的利率意味著股票、債券、商業和住宅財產等金融和實物資產的價格下降,因為在利率上升時,未來回報的現值下降。面對日益減少的財富,家庭消費意願下降。利率的上升也使得企業為投資融資的成本更高。因此,較高的利率通常會減少投資。如果消費和投資下降,總需求也會下降,經濟活動也會減少。當經濟活動較低時,物價和工資通常以較溫和的速度上漲。然而,在經濟活動下降導致通貨膨脹下降之前,還需要一段時間。部分原因是每個月的工資沒有變化。」從瑞典銀行對利率渠道的分析可以看出,對利率與通貨膨脹關係的解釋是,提高利率會抑制消費與投資,因而會降低通貨膨脹,但這種降低是滯後的。

關於信貸渠道,該篇文章的分析同樣基於提高利率會抑制消

我們與億的距離
鈔票的真實價值，以貨幣儲備定錨

費與投資的邏輯，該文指出：「信貸渠道描述了貨幣政策通過銀行和其他金融機構影響需求的方式。如上所述，較高的利率水準導致各種資產的價格下跌。由於金融和實物資產被用作貸款抵押品，因此，當這些抵押品的價值下降時，銀行在放貸方面變得更加嚴格。這可能會導致銀行提高利率利潤率，或者通過對新貸款設置更嚴格的條件來減少放貸。導致資產價格下跌的較高利率，也可能使銀行減少對家庭和公司的貸款，轉而購買證券，從而實現盈利。總而言之，信貸渠道放大了較高回購利率的影響，因為它使家庭和企業更難向銀行借款，從而導致消費和投資下降。」關於匯率渠道，該篇文章指出：「匯率渠道描述貨幣政策如何影響貨幣價值。通常情況下，回購利率的提高會導致克朗的升值。

短期而言，這是因為較高的利率使瑞典資產比以其他貨幣計價的投資更具吸引力。其結果是資本流入和對克朗的需求增加，從而加強了匯率。匯率走強即升值對經濟有兩種主要影響。首先，與國內生產的商品相比，外國商品變得更便宜。這導致進口增加和出口下降。國內商品需求下降有助於減少經濟活動，從而抑制通貨膨脹壓力。其次，匯率通過改變跨境貿易貨物的克朗價格來影響通貨膨脹。瑞典出口商品的克朗價格下降，同時進口商品和與進口競爭的商品也會變得更便宜，這加強了需

Chapter 4 通貨膨脹目標制
不變的舵

求下降對通貨膨脹的抑製作用。」綜上，對利率渠道、信貸渠道和匯率渠道三種渠道的分析都認為提高利率會抑制需求降低通貨膨脹。

對於各國中央銀行在貨幣政策報告中常常提及的通貨膨脹預期對通貨膨脹水準的影響，該篇文章指出：「通貨膨脹預期牢牢地固定在通貨膨脹目標上，這並不是瑞典銀行維持回購利率不變的理由。相反，這應該被視為一個信號，表明公眾期望瑞典銀行採取必要措施，確保通貨膨脹率達到 2%。換句話說，長期通貨膨脹預期可以被視為衡量公眾對瑞典銀行實現通貨膨脹目標的信心。然而，如果通貨膨脹預期偏離目標，這可能表明公眾不相信瑞典銀行將設法使通貨膨脹率保持在 2% 左右。然後，瑞典銀行可能需要以不同於未來貨幣政策預期的速度調整回購利率。通過這種方式，不同的通貨膨脹預期指標和市場對貨幣政策的預期可以作為中央銀行對通貨膨脹和利率的預測的補充。因此，瑞典銀行定期跟蹤各種通貨膨脹預期指標的發展，並在其貨幣政策報告中公布。」同使用通貨膨脹目標制的大多數國家一樣，瑞典銀行也將 2% 的通貨膨脹率作為目標通貨膨脹率，並且認為通貨膨脹目標的公布有利於使公眾預期通貨膨脹將維持在這一水準從而促進通貨膨脹目標的實現。然而，瑞典銀行同時認為，公眾通貨膨脹預期的改變也可能導致通貨膨

我們與億的距離
鈔票的真實價值,以貨幣儲備定錨

脹水準偏離目標,此時,瑞典銀行需要調整貨幣政策利率,使通貨膨脹率重回目標水準。

Chapter 4 通貨膨脹目標制
南轅北轍

南轅北轍

　　升息真的能抗通貨膨脹嗎？事實與之相反，在全球各國的經濟數據中，利率與 CPI 均表現出顯著的正相關特徵，利率的上升常常對應通貨膨脹水準的上行，利率的下降常常對應通貨膨脹水準的下行。1970 年代聯準會大幅提升名義利率抗擊通貨膨脹反而導致通貨膨脹率滯後於利率出現了持續上升，而 1980 年代的聯準會在降息期間反而走出了高通貨膨脹的陰影。2008 年與 2014 年，俄羅斯銀行為防止資本外流而遏制盧布貶值並大幅提高了利率，利率的大幅提高緊隨著通貨膨脹水準的急遽攀升，相反，2009 年與 2015 年以後的大降息，對應的卻是通貨膨脹水準的大幅下降。2008 年金融危機之後世界各國大幅降低利率，通貨膨脹水準均下降至了低位。而早在 1990 年代就將利率降至低位的日本，其通貨膨脹率也早從 1990 年代開始就進入了低位。由此可見，升息並不能抗通貨膨脹，也就是說，高利率對應的是高通貨膨脹，低利率對應的是低通貨膨脹，與經濟與金融界廣泛認為的「升息抗通貨膨脹」觀點大相徑庭。

　　以美國為例，從 1958 年至 2018 年的 60 年間，利率與 CPI 正相關的特徵都存在，2009 年至 2015 年的零利率實施期間，

我們與億的距離
鈔票的真實價值，以貨幣儲備定錨

聯邦基金利率幾乎不再波動，這使得這一同向變動特徵不再能被觀察到，但穩定的低利率期間 CPI 增速在較低的區間及較小的幅度內波動。從 1950 年代末到 1980 年代初，美國利率雖有週期波動，但整體趨勢處於持續上升中。1970 年代，面對持續向上的高通貨膨脹，聯準會根據「升息抗通貨膨脹」的貨幣理論，以頻繁劇烈的升息來應對難以遏制的通貨膨脹上行，然而，升息不僅沒能控制住上升的通貨膨脹，反而使得通貨膨脹水準進一步大幅上升，最高達到年同比近 15% 的通貨膨脹水準。相反，1980 年代開始的大降息，緊接而來的卻是通貨膨脹水準的大幅下降。

以俄羅斯為例，從 21 世紀初直到現在，俄羅斯的利率與 CPI 同樣是同向變動的。2008 年 6 月至 2008 年 12 月、2014 年 6 月至 2014 年 12 月發生了 21 世紀以來最大的兩次油價下跌，俄羅斯貨幣當局試圖通過升息緊縮貨幣來防控通貨膨脹或防止資本流出，結果導致了通貨膨脹的進一步上升。俄羅斯回購利率分別從 2008 年 6 月的 6.79% 上升到 2009 年 2 月的 12%、從 2014 年 6 月的 7.56% 上升到 2015 年 1 月的 17.44%，兩次利率的大幅上升都伴隨了高通貨膨脹，而此後的利息下降，通貨膨脹也下降到了低位。

尋錨之旅陷入了進退維谷的境地，無論是升息走不出通貨膨

Chapter 4 通貨膨脹目標制
南轅北轍

脹困境的俄羅斯、降息走不出通貨緊縮陰影的日本、量化寬鬆後重啓升息的聯準會，還是挑戰利率下限的歐元區，以及無度的資產購買計劃，都讓通貨膨脹目標制的前程迷霧重重。「升息貨幣緊縮抗通貨膨脹」（或「降息寬鬆貨幣提高通貨膨脹」）的貨幣政策操作是從「貨幣供給量」到「通貨膨脹目標制」的整個實施期間始終揮之不去的陰影，升息操作既沒能貨幣緊縮也沒能抗通貨膨脹，反而南轅北轍地出現了加快貨幣增長與通貨膨脹上升的傾向；同樣，降息操作並沒能提高通貨膨脹，反而導致了長期的低通貨膨脹甚至如影隨形的通貨緊縮陰影。若要想絕處逢生，就不能不解答這一世紀難題：利率究竟是如何影響貨幣總量與通貨膨脹的？

我們與億的距離
鈔票的真實價值，以貨幣儲備定錨

撥開迷霧

　　利率與 CPI 的同向變動關係，是貨幣政策需要重點關注而事實上卻被忽視與錯誤解釋的一點。不能正確理解利率與 CPI 的關係，會導致貨幣政策沿著錯誤的方向越走越遠。根據「負利率目標制」理論（該理論由筆者在 2017 年出版的《負利率時代：別讓銀行偷走你的錢》一書中首次提出），名義利率通過影響生產商品所需的名義資金成本影響名義價格，提高名義利率會提高生產商品所需的名義資金成本，因而會提高名義價格；同樣的道理，降低名義利率會降低生產商品所需的名義資金成本，因而會降低名義價格。因此，利率是作為產品成本影響產品價格的，利率的高低對通貨膨脹的高低形成正向影響，而不是像經濟學界與金融學界所廣泛認為的那樣，利率通過調整貨幣量來調整物價，利率提升會抑制消費與投資導致貨幣量緊縮，因而推理得出提升利率會降低物價，利率與物價成了反向變動關係。

　　利息是資金的成本，自然也是商品成本的一部分，假定其他因素不變，提高利率會使得產品的生產成本上升。長期來看，生產者承擔的成本必然需要轉嫁給消費者，否則，生產將難以

Chapter 4 通貨膨脹目標制
撥開迷霧

為繼。倘若生產者無法將成本轉嫁給消費者，生產者就會降低產量，使產品減少到需求者願意提高價格購買這些產品，直到生產者能將成本轉嫁出去為止。正因為利率作為產品成本會正向影響產品價格，中央銀行「升息抗通貨膨脹」或「降息提高通貨膨脹」的操作，只會南轅北轍，離目標越來越遠，這是世界貨幣政策史上升息抗通貨膨脹與降息提高通貨膨脹都不成功的重要原因之一。

如果我們把貨幣參與商品交易的過程想像成是貨幣船運載貨物的過程，那麼，想像一下，貨幣船的船票價格提高了，同樣的商品用貨幣船運載出去後，是不是需要相應提高售價才能賺到原來的利潤呢？也就是說，升息會提高通貨膨脹而不是降低通貨膨脹。然而，當前經濟學界與金融界卻認為，貨幣船的船票價格提高了，人們就會節約和減少貨幣船的使用，單位貨幣船運載的商品多了，或者極少有貨幣船來運載商品了，商品價格就降低了。

回到貨幣供給量實施期間，「負利率目標制」理論同樣可以解釋「升息貨幣緊縮」為什麼不能成功。本書在闡述貨幣供給量時就已提到，利率與廣義貨幣總量增速不僅沒有表現出明顯的負相關特徵，反而表現出一定的正相關特徵。暫且不說影響貨幣需求的因素有多種，單純從商品交易中使用的貨幣來看，

我們與億的距離
鈔票的真實價值，以貨幣儲備定錨

降低利率會降低物價漲幅，這樣只需要更緩慢的貨幣增長就足夠完成商品的交易，既然如此，不考慮商品交易以外的貨幣供求，降息不僅不會加快貨幣量的增長，反而可能減少貨幣量的增長；同理，升息不僅不能減少貨幣量的增長，反而可能增加貨幣量的增長，因為上升的名義利息需要以貨幣支付，此外，由於提高利率會提高通貨膨脹，上升的名義價格使得同等產品需要更多的貨幣量來完成交易，因而會導致貨幣需求量上升，進而使貨幣供給被動增加。這是利率與貨幣量出現同向變動的重要原因之一。

因此，我們可以看到，美國1981年至1993年的利率中樞下行期，M2同比增速的中樞出現了較為一致的下行。通貨膨脹目標制實施以來，實現低利率低通貨膨脹的世界各國，儘管在降息過程中出現了狹義貨幣量的大幅上升，廣義貨幣量的增速卻不僅沒有提高反而還降低了。因為受商業銀行貨幣創造功能等的影響，廣義貨幣量並不完全受中央銀行控制，中央銀行控制的主要是基礎貨幣量。例如在零利率實施的初期，美國、日本等國的量化寬鬆政策使得狹義貨幣量出現了劇烈波動，基礎貨幣量增速顯著上升，但廣義貨幣量的增速並未上升，與經濟及金融界所廣泛認為的升息減少貨幣供給量、降息增加貨幣供給量的簡單邏輯並不一致。而中央銀行不當的升息或降息會導

Chapter 4 通貨膨脹目標制
撥開迷霧

致部分企業承擔不公平的融資成本並擾亂企業原有的生產經營計劃，使實體經濟正常的經營秩序遭到破壞。因此，倘若劇烈的升息能帶來通貨膨脹的滯後下行，只有一種可能，那就是通過打擊實體經濟的方式使企業破產、人員失業、消費者信心受挫，最終導致實體經濟進入低迷狀態。

貨幣船運載貨物與普通船隻運載貨物不同，普通船隻運載貨物是以貨物的重量來計量的，船舶的噸位決定了能運載多大重量的貨物，而貨幣船運載貨物是以金額來計量的，貨幣船的面值決定了能運載多大金額的貨物，所以貨物價格提高以後，人們則需要更多的貨幣船，這是經濟學界與金融界所不曾想到的。因此，回到貨幣供給量實施期間，當聯準會提高利率試圖限制貨幣船進入錨地時，錨地的船隻常常不是少了而是多了。

我們與億的距離
鈔票的真實價值，以貨幣儲備定錨

真相大白

「負利率目標制」理論重新定義利率與通貨膨脹的關係後，歷史貨幣政策實踐中的種種難題迎刃而解。從世界各國較長時期以來的名義利率與通貨膨脹率數據可以很清楚地看到，名義利率與通貨膨脹率基本是表現出同向變動的特徵的，即名義利率提升，通貨膨脹率提升；名義利率降低，通貨膨脹率降低。

歐洲中央銀行的貨幣寬鬆措施始終未能提高通貨膨脹到2%的目標水準，但歐洲中央銀行並未意識到「升息抗通貨膨脹」的現有貨幣理論存在錯誤，因而在試圖降息寬鬆貨幣提高通貨膨脹卻始終提高不了通貨膨脹的死循環中越走越遠。在歐洲中央銀行認為利率已抵達下限，難以繼續下降時，又試圖通過大規模資產購買行為向市場注入貨幣來達到提高通貨膨脹的目的，但同樣未能成功。

而日本銀行從無風險債券的購買到商業票據、公司債券等風險債券的購買，甚至到房地產市場與股票市場的投資；從2013年推出QQE，到2015年引入負利率QQE，再到2016年的收益率曲線控制QQE，其一系列的貨幣寬鬆政策無一不是為了擺脫通貨緊縮的陰影實現2%的通貨膨脹目標。降低利率會降低

Chapter 4 通貨膨脹目標制
真相大白

成本並進而降低通貨膨脹率,無度的資產購買計劃會助長市場投機傾向打擊實體經濟的生產經營積極性,這些措施顯然無法提升通貨膨脹。因此,日本近 20 年堅持不懈的貨幣寬鬆並未實現 2% 以上的通貨膨脹目標,直至今天,日本的通貨膨脹水準依然在 2% 以下。

「升息抗通貨膨脹」的邏輯在世界範圍內得到廣泛認可,本書前文提及的聯準會、歐洲中央銀行、俄羅斯銀行和日本銀行的貨幣政策操作也均遵循了前述「升息抗通貨膨脹」的邏輯。經濟危機之後,眾多國家採取了降息措施試圖刺激經濟增長與維護金融體系穩定,根據「負利率目標制」理論,利率的降低會降低通貨膨脹,事實上,這些國家的通貨膨脹也隨著利率的降低而下降到了低點。由於低通貨膨脹正是「通貨膨脹目標制」的最終目標,因而沒有了升息的必要,這些國家長期維持了較低的利率環境,而低利率環境的長期維持又進一步使得低通貨膨脹環境得到了長期維持。由於貨幣政策旨在實現更為具體的 2% 的通貨膨脹率目標,而不是空泛的低通貨膨脹概念,一些國家面對長期低於 2% 的通貨膨脹水準或通貨緊縮,不得不繼續降息以及實施資產購買計劃試圖提高通貨膨脹率。無論是面臨高於 2% 還是低於 2% 的通貨膨脹水準,由於中央銀行始終控制不了通貨膨脹水準受實體經濟影響而波動,實施「通貨膨脹

我們與億的距離
鈔票的真實價值，以貨幣儲備定錨

目標制」的全球各國中央銀行依然在為實現通貨膨脹目標而努力。

　　貨幣供給量實施期間，各國中央銀行「升息貨幣緊縮抗通貨膨脹」的操作未能成功，但並沒有意識到「升息貨幣緊縮」的邏輯本身存在問題，所以儘管放棄了貨幣供給量，但在通貨膨脹目標制實施期間依然使用「升息抗通貨膨脹」的邏輯來控制通貨膨脹。根據「負利率目標制」理論提出的降低利率會降低產品資金成本並進而降低產品價格的觀點，降息並不會帶來通貨膨脹的上行，低利率反而利於帶來低通貨膨脹的環境，事實也是如此，實現低通貨膨脹的世界各國，無一例外地證明，低通貨膨脹不是通過升息實現的，而是通過降息實現的。全球實行「通貨膨脹目標制」並實現低通貨膨脹的國家，利率最後都降到了低位，甚至有眾多國家出現了負利率。不過，儘管降息的措施帶來了低通貨膨脹，但人們並沒有意識到低通貨膨脹是降息造成的，因而沿用「升息抗通貨膨脹」的邏輯，試圖通過進一步降低利率來走出低通貨膨脹的陰影，甚至在認為利率降無可降的情況下，不得不啟動資產購買計劃主動向市場投放貨幣。由於不清楚利率是如何作用於經濟的，這就使得思考過程被歪曲和被複雜化了。時至今日，經濟學界與金融界依然廣泛認為提高利率會降低消費與投資意願從而緊縮貨幣、抑制通貨

Chapter 4 通貨膨脹目標制
真相大白

膨脹,在通貨膨脹目標制的實施過程中,試圖通過「升息抗通貨膨脹」與「降息提高通貨膨脹」的操作來實現通貨膨脹目標,導致了通貨膨脹目標實現過程中的不當貨幣政策操作。「升息抗通貨膨脹」的邏輯,使得全球各國中央銀行在實現通貨膨脹目標的貨幣政策操作中屢試屢敗,但又不知道錯誤的根源在哪裡,因此,「升息抗通貨膨脹」或「降息提高通貨膨脹」依然在全球各國中央銀行的貨幣政策操作中廣泛執行。

我們與億的距離
鈔票的真實價值，以貨幣儲備定錨

搖擺不定的錨

2008年的金融危機之後，實施「通貨膨脹目標制」的大部分國家將利率降到了前所未有的低位，與此同時，通貨膨脹水準也降到了低位。由於通貨膨脹水準過低甚至出現了通貨緊縮，部分中央銀行繼續實施降息與貨幣投放操作，試圖刺激經濟與提高通貨膨脹，卻始終無法走出低通貨膨脹甚至通貨緊縮的困局，因而將利率一降再降，資產購買範圍與規模也不斷擴大，眾多風險資產品種被納入中央銀行的資產購買範圍。然而，直至今天，通貨膨脹目標依然未能實現。

如果中央銀行沒有在「升息抗通貨膨脹」的道路上南轅北轍，中央銀行就能實現通貨膨脹目標了嗎？通貨膨脹並非完全由貨幣政策決定，這是「通貨膨脹目標制」的實施迄今為止始終無法達成既定目標的重要原因之一。

前文闡述過，利息影響生產商品所需的資金成本，然而資金成本僅僅是商品成本的一部分，而非全部。中央銀行通過調整利率可以影響通貨膨脹，但不能完全控制通貨膨脹，微小的利率波動對通貨膨脹的影響非常有限。「負利率目標制」理論認為，最優的名義價格應使持有貨幣與持有貨物之間不存在重大

Chapter 4 通貨膨脹目標制
搖擺不定的錨

差異,因此,實物的名義價格需要上升以彌補實物相對貨幣較高的儲存成本。此外,市場價格通常圍繞自然價格上下波動,因此,通貨膨脹率的變化並不始終保證儲存成本率的彌補,而是在能彌補儲存成本率的範圍內上下波動。顯然,通貨膨脹並非是一個超脫於實體經濟之外的、僅僅由中央銀行控制的名義量,儲存成本率受中央銀行以外的諸多實體經濟因素影響,無論是貨物的儲存成本率還是價格圍繞價值上下波動,都不是中央銀行可以準確核算與控制的。

物價不僅不是中央銀行可以準確核算與控制的,受到實體經濟中諸多因素的影響,物價也不是穩定不變的。中央銀行通過升息與降息不能穩定物價,中央銀行通過穩定利率也無法穩定物價,眾多國家在金融危機後實施了長期的、近乎零的較為穩定的利率環境,物價依然有著明顯的週期性波動。如美國從 2009 年開始至 2015 年 12 月的升息前,聯邦基金利率都控制在 0 至 0.25% 的範圍,而通貨膨脹率大部分時間在 0 至 5% 的範圍內波動。21 世紀以來貨幣政策利率近乎長期穩定的日本,通貨膨脹率大部分時間在 -2% 至 4% 的範圍內波動。自身並不穩定、並不可控的通貨膨脹,顯然無法擔當起錨的作用。試想一下,通貨膨脹目標制想要實現的是中央銀行通過控制貨幣船的總量與船票價格即利率來控制每艘船的商品運輸量。然而,中

我們與億的距離
鈔票的真實價值，以貨幣儲備定錨

央銀行一旦收取了船票的價格將船出借出去，就無法控制船隻以怎樣的速度運行，以及是超載還是閒置。此外，中央銀行也無法控制人們是否使用中央銀行以外的貨幣船來承載貨物。

通貨膨脹目標制的存在顯然沒能穩定貨幣的運行，通貨膨脹目標制的實施過程，導致了眾多干擾實體經濟發展的貨幣政策得以執行。在抑制高通貨膨脹方面，劇烈的「升息抗通貨膨脹」操作導致了利率的大幅上升與其後的大幅下降，利率的劇烈調整導致了不公平的融資環境與財富再分配，造成了資源配置效率的降低，也造成了金融產品定價的混亂。在避免低通貨膨脹甚至通貨緊縮方面，眾多國家在金融危機後為寬鬆貨幣刺激經濟發展而執行了持續降息措施，將利率降至了零甚至負數，依然未脫離低通貨膨脹甚至通貨緊縮。在低通貨膨脹率環境下，貨幣寬鬆政策沒有了後顧之憂，為了實現提高通貨膨脹率的目標，部分國家實施了系列資產購買計劃，大規模的資產購買行動導致了基礎貨幣量增速的急遽膨脹，不過，廣義貨幣量的增速並未因此出現一致的波動，通貨膨脹水準也未能得到提高，資產購買規模及範圍因此被不斷擴大，股票、信用債等風險資產甚至也被納入了中央銀行的資產購買範圍。風險溢價應由市場決定，而中央銀行購買風險資產的行為導致了風險溢價的定價扭曲。由於中央銀行過於相信貨幣政策可以控制通貨膨脹，

Chapter 4 通貨膨脹目標制
搖擺不定的錨

因而採取了劇烈的升息抗通貨膨脹、降息提高通貨膨脹、資產購買等貨幣政策操作，這些操作嚴重違背了實體經濟規律，擾亂了實體經濟正常的經營秩序，阻礙了實體經濟的正常發展。

貨幣供給量實施時期，為了達成貨幣總量目標，各國中央銀行不惜代價地劇烈調整著貨幣政策操作，然而貨幣總量目標始終無法實現。最終，各國中央銀行發現了貨幣供給量本身存在的問題，因而紛紛放棄了貨幣供給量。通貨膨脹目標制實施時期，各國中央銀行同樣為了追逐通貨膨脹目標而劇烈調整著貨幣政策操作，然而迄今為止，依然沒有一個國家能準確地實現通貨膨脹目標。歐洲中央銀行已將利率降至了盡可能低的位置，並且實施了大規模的資產購買行動，試圖寬鬆貨幣提高通貨膨脹率，但通貨膨脹水準卻始終低於目標。

而日本，長期的負利率與不斷擴大的資產購買始終未能帶領日本走出通貨緊縮的陰影，為實現通貨膨脹目標的努力從20世紀持續到了21世紀依然無法成功。「升息抗通貨膨脹」的俄羅斯，卻長期處於高通貨膨脹率的困局中，2017年短暫的低通貨膨脹卻大幅低於俄羅斯原定的通貨膨脹目標。2008年金融危機後實施了較長時間近乎零利率的聯準會，2015年後重啟了升息行動，由於通貨膨脹目標無法被準確控制，聯準會早在2012年就將通貨膨脹目標的中心趨勢定為2%，不再設定上限和下限。

我們與億的距離
鈔票的真實價值，以貨幣儲備定錨

通貨膨脹目標制的失敗讓我們不得不重新思考兩個問題：一是實現通貨膨脹率目標的途徑是否合理，二是以通貨膨脹率為目標是否合理。至此，這兩個問題我們都已經找到了答案。

貨幣已經滲透到經濟生活的方方面面，良好的貨幣機制是保證實體經濟良好運行的重要條件，倘若貨幣機制不能正常運行，必然會干擾到實體經濟的正常運行。對於正在升息抗通貨膨脹或通過降息、資產購買等行動執行量化寬鬆提高通貨膨脹甚至抗通貨緊縮的國家而言，需要重新考慮貨幣政策的執行是否合理。總供給衝擊、能源衝擊等重大異常衝擊會導致通貨膨脹率的異常波動，實體經濟非貨幣的其他因素也會導致通貨膨脹率發生波動，貨幣會影響通貨膨脹，但不能控制通貨膨脹。貨幣供給應適應貨幣需求，中央銀行的貨幣政策操作應遵循實體經濟規律，避免人為製造過緊或過鬆的貨幣環境以及形成不公平的財富再分配。全球各國中央銀行應放棄通貨膨脹目標制，停止不合理的利率調整與資產購買計劃，避免不當的貨幣政策操作導致的經濟與金融環境的動盪與混亂。

儘管通貨膨脹目標制並不完美，但通貨膨脹目標制的誕生是貨幣政策的重大進步，通貨膨脹目標制較之貨幣供給量具有較好的穩定性。貨幣需求不僅僅受商品交易影響，還受投機、非商品投資等的諸多因素影響，尤其開放經濟環境下的國際資本

Chapter 4 通貨膨脹目標制
搖擺不定的錨

流動,更加劇了貨幣需求波動的不可預測性。產品需求儘管也受到多種因素影響,產品價格的波動依然難以預測,但正常經濟環境下,較貨幣總量的波動要小得多,這使得中央銀行為控制物價波動而執行的貨幣政策操作比為控制貨幣總量而執行的貨幣政策操作可能發生較少的調整,因此,使用通貨膨脹目標制比使用貨幣供給量更有利於避免貨幣政策的劇烈搖擺。不過,很顯然,通貨膨脹目標制依然無法很好地起到穩定貨幣運行的作用。然而,倘若全球各國放棄了通貨膨脹目標制,還有怎樣的貨幣儲備可以穩定貨幣的運行呢?

我們與億的距離
鈔票的真實價值,以貨幣儲備定錨

Chapter 5
利率錨定

我們與億的距離
鈔票的真實價值，以貨幣儲備定錨

黃金儲備試圖為每艘貨幣船配備一副與貨幣船大小成比例的黃金打造的錨，貨幣儲備試圖控制貨幣船的數量以穩定的低速度增長，通貨膨脹目標制試圖控制每艘貨幣船運載的商品以穩定的低速度下降，然而，這些最終都失敗了。

利率錨定想要實現的是市場在支付合理的船票價格即利率後，可以隨時取得貨幣船滿足使用的需要。中央銀行不再需要為每艘船準備黃金，不再控制船隻的數量，也不再控制每艘船的運載量，中央銀行要做的是對貨幣船制定和收取公平合理的船票價格，根據市場需要被動供給貨幣船。然而，什麼是合理的船票價格呢？

對於貨幣政策涉及的三個重要的變量——貨幣總量、通貨膨脹、利率，以穩定貨幣總量增速為目標的貨幣儲備、以穩定通貨膨脹率變化為目標的通貨膨脹目標制都已被實踐證明無法保證貨幣的平穩運行，而以穩定利率為目標的利率錨定為何一直未得到實施？若能啟用利率錨定，能給經濟的平穩健康發展帶來怎樣的幫助？能給人們經濟生活的改善帶來怎樣的希望？

利率錨定

利率錨定是本書提出的新的貨幣儲備，是筆者認為最合理的錨。利率錨定的設計思路是，中央銀行只需確定合理穩定的

Chapter 5 利率錨定
搖擺不定的錨

貨幣供給利率，然後以這一利率按照市場需要來被動供給貨幣。如果把貨幣類比為船，利率錨定就像是在確定合理穩定的船票價格後，只要人們購買了船票，就可以隨時取得船隻，船隻的數量根據人們的需要隨時變動，船隻的運載量由船隻的使用人決定。

我們與億的距離
鈔票的真實價值，以貨幣儲備定錨

疑霧重重的船票

　　無數船隻停靠在海港，需要依靠船隻運載的商品一批批被運往海港準備出航。人們需要支付多少船費才能將貨物運往各地呢？儘管是同樣的船，但前天運往各地的船票價格是每條船10元，昨天運往各地的船票價格是每條船100元，今天運往各地的船票價格是每條船30元，明天該是多少呢？人們不知道自己的商品能以怎樣的價格運送出去，如果以20元運出去，也許能撈到人生的第一桶金；如果以200元運出去，也許餘生只能在還債中度過；但倘若什麼也不做，就只能眼睜睜地看著商品隨時間而腐敗或陳舊，漸漸變為廢品。

　　儘管船的運行成本幾乎沒變，但如果船舶經營者不考慮船的運行成本而隨意調整票價，人們就不知道要什麼時候將貨物運送出去才好，常常不得不觀望或改乘其他交通工具，甚至不得不違背之前的交貨約定。儘管付出的是同等的辛勞，然而，因船票價格的劇烈波動，有人享受的是利潤，有人承受的卻是虧損。人們能以怎樣的票價運送貨物全憑運氣，輸贏由乘坐貨幣船的票價不同決定而不是憑勤勞與智慧，這顯然會嚴重損害社會的公平公正以及大大降低資源的配置效率，無法讓真正具有

Chapter 5 利率錨定
疑霧重重的船票

管理與技術水準的企業得到良好的發展。

這看起來有些荒謬，很顯然，除非遭遇了戰爭、災難等重大突發事件，否則，現實世界中，船票價格一定不會出現如此混亂的局面。然而，在貨幣領域，類似的情況時有發生。貨幣船的船票價格即貨幣政策利率在中央銀行的操作下忽高忽低地運動著，1%、10%、20%……如此巨大的差異是如何得來的呢？沒有人能給出合理的解釋。大幅調整利率的理由千奇百怪，但最終目的都是為了以穩定良好的貨幣環境促進經濟的平穩健康發展。這簡直讓人難以置信。

合理穩定的船票價格對於貨物的順利運輸非常重要，貨幣船的船票價格，即利率，同樣應該合理穩定。回到我們之前舉的乘船出行的比喻，倘若船票的價格在發生著不可預見的大幅劇烈的波動，人們的生產、生活該如何正常進行呢？然而，利率應該穩定這一點並沒有受到經濟學界應有的重視。經濟學界曾經認為貨幣總量應該穩定、物價應該穩定，卻忽略了貨幣船的船票價格——利率應該穩定。中央銀行相繼使用了貨幣儲備、通貨膨脹目標制，試圖通過劇烈的升息或降息去穩定貨幣總量與通貨膨脹，卻忽視了變幻不定的利率正是阻礙經濟增長、導致物價波動、造成大規模失業的重要原因。

事實上，對實體經濟中的企業而言，貨幣政策對企業生產影

我們與億的距離
鈔票的真實價值，以貨幣儲備定錨

響最大的是融資成本，融資成本影響著產品的生產成本，大幅波動的融資成本導致同樣的產品卻在生產成本上差別很大，這顯然破壞了正常的產品競爭關係。企業收到了訂單，安排了生產計劃，簽訂了交貨合約，正準備融資購買更多的生產設備與原材料等擴大生產，突如其來的升息使得資金成本大幅上升，導致了企業根本沒有能力按原定的合約價格順利交貨。同理，假如企業以高利息成本完成的產品生產，卻遭遇了突然的大幅降息，導致市場上該產品的生產成本與價格大幅降低，以高利息成本生產的產品若按市場價格銷售出去根本無法獲得利潤，甚至無法回收成本。劇烈調整的利率使得不同企業之間競爭的輸贏很大程度上不由技術與管理水準決定，而由融資利率的不同而決定。不同企業在融資時間上微小的差異，卻可能形成生產成本上的巨大差異，這對融資成本高的企業而言非常不公平，很可能因此導致企業生產經營難以為繼，進而造成大量企業破產與人員失業。

Chapter 5 利率錨定
合理的票價

合理的票價

　　船票的價格是怎麼決定的呢？如果不是因為受到了某種不合理的壟斷，那麼船票的價格應該是成本加上船舶經營者應取得的合理的利潤。如果船票價格過高，新的競爭者會加入，從而拉低利潤率；如果船票價格過低，部分虧損的經營者會退出，使得存活下來的經營者可以提高票價獲得合理的利潤。只要經營環境不出現突然的重大變化，船票的價格應該是相對穩定的，儘管受經濟週期的影響會發生合理的波動，但波動幅度不會太劇烈。

　　貨幣船每天在我們身邊行駛著，需要搭載貨幣船的商品，應該支付怎樣的船票價格呢？正如船有運行成本，貨幣也有運行成本。然而，由於長期以來人們都沒有習慣以實體經濟的視角來觀察貨幣的運行，所以貨幣的運行成本從來就不是制定貨幣政策的依據。

　　中央銀行應是一個保管和出借無風險貨幣的機構，保管貨幣當然會有保管成本，所以，無風險存款利率應為能彌補保管成本的負利率；同樣的道理，中央銀行出借無風險貨幣會有貸出成本，貸出無風險貨幣時需要對擔保物進行管理以保證 100%

我們與億的距離
鈔票的真實價值，以貨幣儲備定錨

無風險，倘若加印貨幣還需要新貨幣的印製成本，因此，無風險貸款利率應為能彌補貸款管理成本的正利率。這一點，筆者早在提出「負利率目標制」理論時闡述過。

由於貨幣的發行受中央銀行壟斷，利潤率不受市場競爭影響，貨幣的價格——利率完全由中央銀行決定，因此，合理的貨幣政策利率無法通過市場競爭來實現，只能由中央銀行合理制定。過去，由於沒有貨幣理論能解釋什麼是合理的利率、如何制定合理的利率，因此利率並沒有被合理制定，相反，中央銀行為了達成其他目標而常常對利率進行劇烈調整。

中央銀行保管著大規模的現金或者僅僅是代表現金金額的一串數字，保管的成本費用率是一個極低的比率，並且，在正常經濟運行狀況下，保管費率是較為平穩的，不會發生劇烈波動。貨幣總量、物價受市場影響而發生正常波動，中央銀行無法控制也不應控制，而貨幣政策利率中央銀行卻完全有能力根據管理現金的成本費用率來制定。倘若貨幣政策不斷發生調整導致貨幣政策利率嚴重偏離管理費率大幅發生波動，就會導致實體經濟的融資成本率與金融產品價格發生大幅波動，因此貨幣政策人為導致的利率劇烈波動會造成實體經濟與金融市場的動盪與混亂，並加劇貨幣總量與物價的不合理波動。1970年代至80年代的美國、1990年代的日本、2000年代及2010年代的俄羅

Chapter 5 利率錨定
合理的票價

斯、2008 年金融危機後大降息的世界各國，都讓我們看到了貨幣政策利率劇烈調整對經濟增長與就業帶來的不利影響，以及造成的物價劇烈波動等現象。

我們與億的距離
鈔票的真實價值，以貨幣儲備定錨

可控的錨

　　回到傅利曼提出的中央銀行實施貨幣政策應遵循的兩個基本要求：第一個要求是貨幣當局應該以其所能控制而不能以其所不能控制的數量為指導；第二個要求是貨幣當局應避免政策的劇烈搖擺。

　　先說第一個要求，在貨幣儲備與通貨膨脹目標制的實踐過程中，我們已經可以很清楚地看到中央銀行控制不了貨幣總量，也控制不了通貨膨脹。貨幣總量並不完全受貨幣政策控制，除中央銀行發放的基礎貨幣外，市場還會創造出各種形式的貨幣，並且隨著金融創新的發展，會有新的貨幣品種不斷被創設出來。物價同樣不完全由貨幣政策控制，成本的變動、供需的變動等會導致物價水準發生變化，中央銀行無法控制實體經濟的成本與供需變化。

　　中央銀行控制不了貨幣總量與通貨膨脹，但可以控制貨幣政策利率。全球各個國家、同一國家的不同時期差別很大的貨幣政策利率都是中央銀行大幅地升息或降息造成的。中央銀行為達成貨幣總量與通貨膨脹目標，常常隨意提高、降低利率，或者穩定利率到某個水準。日本 1990 年代金融危機以及全球

Chapter 5 利率錨定
可控的錨

2008 年金融危機後，較長時期的、穩定的、近乎零的、貨幣政策利率的實施足以證明中央銀行有能力控制利率。

再看第二個要求，如何定義貨幣政策的劇烈搖擺，是貨幣總量的劇烈搖擺、物價的劇烈搖擺，還是利率的劇烈搖擺，這是制定合理的貨幣政策必須要明確的一點。

經濟學界曾經認為貨幣總量的增長要穩定，物價要穩定，因而人為地大幅調高調低利率以達到穩定貨幣總量或物價的目的，然而這些操作不僅沒能穩定貨幣總量與物價，反而造成了市場的動盪與混亂。貨幣供給量隨著貨幣需求量的波動而波動，這是正常的，倘若貨幣需求量波動，而強行限制貨幣供給量不動，這必然阻礙實體經濟的正常運行。物價隨著產品市場的供需而波動，這也是正常的，倘若產品成本與供需發生變動，而強行要求物價不動，這同樣會阻礙實體經濟的正常運行。利率是資金的價格，是資金的使用成本，是我們這裡所說的貨幣船的使用費即船票的價格，由於貨幣的運行成本較為穩定，因此根據貨幣運行成本而計算的利率是較為穩定的。然而，中央銀行把關注的重心放在了其他目標的穩定上，忽略了利率自身穩定的重要性。

傅利曼所提出的兩個要求實際上是相輔相成的，正因為錨是可控的，所以我們才能使之穩定，穩定的錨才能穩定貨幣船使

我們與億的距離
鈔票的真實價值，以貨幣儲備定錨

之不出現劇烈搖擺。儘管傅利曼未曾想到他極力主張的貨幣儲備並不符合這兩個要求，但這兩個要求對於錨的穩定作用非常重要。從傅利曼提出的兩個要求我們可以看到，相比黃金儲備、貨幣儲備與通貨膨脹目標制，利率錨定是唯一符合這兩個要求的貨幣儲備。黃金礦藏受勘探發現與開採影響等而波動，貨幣供給量受貨幣需求影響而波動，物價受產品供求等影響而波動，這些都不是中央銀行能控制的，而貨幣政策利率應是中央銀行管理現金的成本，這一成本既是受中央銀行控制的，也是較為穩定的。儘管通貨膨脹目標制並非完美的貨幣儲備，但正常經濟狀況下，物價水準較貨幣總量水準的波動要小得多，中央銀行控制通貨膨脹目標制比控制貨幣儲備更能避免貨幣政策的劇烈波動。貨幣管理成本的波動較物價水準的波動更低，並且儘管中央銀行可以通過提高管理技術來降低貨幣管理成本，但利率錨定的實施並不是需要中央銀行去抵制貨幣管理成本的波動，而是計算正常經營所需的貨幣管理成本並據此確定貨幣政策利率，除非遭遇了帶有毀滅性的中央銀行不能控制的重大災難，否則彌補現金管理成本的負的無風險存款利率與彌補 100% 擔保貸款管理成本的正的無風險貸款利率的波動幅度應非常之小。現金管理成本與無風險貸款管理成本可以由中央銀行準確計算出來，計算依據充分，且正常經濟狀況下變化非常平穩。你可

Chapter 5 利率錨定
可控的錨

以想像，以利率錨定來穩定的貨幣船，像海中拋錨後的任意船隻一樣，並非是一動不動的，而是在錨的牽引下位置相對固定，在一定範圍內窄幅波動。

我們與億的距離
鈔票的真實價值，以貨幣儲備定錨

錨的穩定性

　　錨自身的穩定對於穩定船隻的重要性無須解釋，人人都能明白。前文已經闡述過，貨幣政策的穩定應是指利率穩定而不是貨幣總量或物價的穩定，然而，迄今為止廣大的經濟學家與貨幣工作者並未意識到穩定的貨幣政策利率的重要性。儘管利率早就被視作貨幣政策的仲介目標，但利率被視作實現其他貨幣政策目標的手段被大幅調整，而不是使利率自身穩定，因此歷史上所使用過的利率目標並不能稱之為利率錨定。各國中央銀行始終沒有確定將怎樣的利率作為合理的目標，而是經常調整利率來達到諸如貨幣總量目標、通貨膨脹目標、最大就業、調整外匯價值等之類的目標，中央銀行有時把利率調整到難以想像的高度，有時又將其調整到盡可能低的位置。

　　儘管金融危機後部分國家實施了較為長期的、近乎零的、較為穩定的低利率，但卻並非是以低利率為目標的利率錨定，而是以低通貨膨脹為目標的通貨膨脹目標制。「通貨膨脹目標制」將低通貨膨脹作為貨幣政策的首要目標，然而「通貨膨脹目標制」僅僅是一個框架而非規則，其目的是要實現低通貨膨脹，但對如何去實現低通貨膨脹以及實現怎樣的低通貨膨脹並無明

Chapter 5 利率錨定
錨的穩定性

確的理論指導與操作方案。因此，實行「通貨膨脹目標制」的各國中央銀行不得不反覆探索實現低通貨膨脹的途徑。當中央銀行通過升息未能遏制住通貨膨脹的迅猛上漲時，面對混亂低迷的經濟環境，他們反過來試圖通過降低利率提供寬鬆的貨幣環境來維護金融體系的穩定，利率降低後，通貨膨脹卻意外降到了低位。由於「通貨膨脹目標制」以低通貨膨脹為目標，既然通貨膨脹已經降到了低位，也就沒有升息抗通貨膨脹的必要了。根據降息可以寬鬆貨幣、刺激經濟發展的現行理論，低通貨膨脹給了中央銀行可以進一步寬鬆貨幣的環境，因而利率一降再降，日本、歐元區等已開發國家甚至降到了負利率。面對越來越低的通貨膨脹水準，部分國家試圖通過降息來避免通貨緊縮或過低的通貨膨脹，卻始終走不出低通貨膨脹甚至通貨緊縮的環境，因而維持了低利率甚至負利率的環境。因此，金融危機後的部分國家，儘管較長時期實施了較為穩定的近乎零的貨幣政策利率，但這樣做的目標並不是穩定貨幣政策利率，而是穩定通貨膨脹與刺激疲軟的經濟。所以，穩定的近乎零的貨幣政策利率只是被視作特殊經濟時期降息寬鬆貨幣刺激經濟或者實現通貨膨脹目標的手段，只要特殊經濟時期過去或者通貨膨脹目標達成就可以擯棄穩定的貨幣政策利率了。2015年末，美聯儲重新開始了升息行動，而「升息抗通貨膨脹」是升息行

我們與億的距離
鈔票的真實價值，以貨幣儲備定錨

　　動的主要原因之一。日本、歐盟等儘管維持了低利率，但「降息寬鬆貨幣提高通貨膨脹」以實現通貨膨脹目標是維持低利率的主要原因之一，在低利率之外，還試圖通過大規模的資產購買行動來達成通貨膨脹目標。

　　長期來看，實體經濟的持續健康發展才是改善人們生活的最重要最根本的因素。貨幣應是服務於實體經濟的一個工具，如同運輸貨物的交通工具一樣，平穩運行才是關鍵。然而在過去，貨幣追逐著黃金的目標、匯率的目標、貨幣總量的目標、物價的目標等，卻忽略了實體經濟的需求和貨幣工具的平穩運行，任意改變貨幣政策利率的操作嚴重違背了實體經濟規律。中央銀行大幅升息與降息不停地調整著名義利率，試圖達到經濟增長、物價穩定、充分就業、國際收支平衡等目的，然而，恰恰是中央銀行對名義利率的反覆調整，使得實體經濟與金融環境陷入了混亂。想像一下，一週前有一家企業以百分之一的利率融資購買了生產設備，今天擁有同樣信用資質的另一家企業卻要以百分之十的利率融資去購得同樣的生產設備，兩家企業面對同樣的產品市場競爭環境，對以百分之十的利率融資的企業而言是何等的不公平。名義利率反覆無常的劇烈波動，違背了實體經濟的運行規律，使市場的公平競爭環境受到了損害。早在 1980 年代，美聯儲就已注意到了劇烈的利率波動對經濟造成

Chapter 5 利率錨定
錨的穩定性

的災難性損失,此後,升息抗通貨膨脹與降息提高通貨膨脹的措施雖然依然執行,但升息與降息的幅度較以往越來越溫和。2014年劇烈升息後的俄羅斯,也開始認識到利率穩定的重要性,在此後的貨幣政策執行中,降低了利率調整的幅度。

貨幣政策利率的突然轉變會導致很多在原有利率環境下的業務遭到衝擊,歐洲中央銀行也注意到了這一點。在2016年的年度報告中,歐洲中央銀行指出:「長期低利率,特別是在經濟增長疲軟的情況下,可能會給那些長期提供保證回報的機構的盈利能力和償付能力帶來壓力。除了銀行體系之外,低利率可能會使保險公司和養老基金的傳統擔保回報產品變得不可行。此外,低利率環境也可能導致銀行淨利息收入下降,特別是通過壓縮淨利差,因為存款利率可能受到有效下限的限制,並降低盈利能力。」這僅僅是歐洲中央銀行注意到的劇烈的利率波動給金融機構的部分業務帶來的不利影響,這些金融機構在較高利率時期實施的業務,遭遇突然到來的低利率後,其原有業務的執行受到了嚴重影響,貨幣政策利率的劇烈波動對經濟的廣泛影響顯然不僅僅止於此。市場往往是根據當前的利率環境來安排投資與設計產品,預期外的利率突然改變會導致原有投資安排與產品設計受到嚴重影響。無論是美國1980年代利率的劇烈調整,日本1990年代利率的劇烈調整,還是2008年金融

我們與億的距離
鈔票的真實價值，以貨幣儲備定錨

危機期間各國利率的劇烈調整等，都出現了實體經濟與就業狀況的嚴重危機。2008年金融危機大降息的世界各國失業率都出現了大幅上升，而已處於較低利率的日本，降息幅度不大，失業率的上升明顯要小得多。2008年金融危機發生後的大降息結束後，眾多國家利率穩定在了低位，失業率開始平穩下行，而2014年大幅升息的俄羅斯，失業率出現了較大反彈。利率的劇烈調整無疑會使實體經濟無所適從，無論是劇烈的升息還是降息，均不利於實體經濟的正常發展。如果是升息，那麼對於新投入的生產而言，不得不承擔更高的資金成本，已簽訂的交貨合約很可能因此而違約，導致企業生產經營難以持續；如果是降息，對於已經承擔高資金成本的項目而言，難以將成本轉嫁出去，同樣可能導致企業的生產經營難以為繼。因此，劇烈的升息與降息帶來的是更多的破產、更多的失業。然而，有劇烈的升息就有劇烈的降息，只有將貨幣政策利率穩定在合理的水準，才可以減少利率的劇烈波動，帶來實體經濟的平穩健康發展。

如果不是出現了戰爭、災難等難以預料的巨大變故，實體經濟的發展是會循序漸進的，縱然有經濟週期的波動，也不是突如其來的斷崖式變化。在實體經濟環境未發生重大改變的情況下，貨幣的運行成本並沒有發生大的變動，受貨幣政策劇烈的

Chapter 5 利率錨定
錨的穩定性

利率調整影響，同等企業的同等融資卻有著相差懸殊的資金成本，這是何等的不公平與混亂。貨幣政策對實體經濟的漸進變化做出了過激的反應，試圖通過急遽的升息降息、強行的貨幣限制與投放達到挽救經濟的目的，反而可能進一步將實體經濟推向深淵。

我們與億的距離
鈔票的真實價值，以貨幣儲備定錨

走出困境

　　貨幣已深入人們生活的方方面面，任何經濟活動都離不開貨幣，中央銀行的每一次不當的貨幣政策操作都足以讓實體經濟和人們的生活陷入混亂。貨幣的平穩高效運行是經濟良好運行的重要前提，不當的貨幣政策操作會降低實體經濟的效率，造成不必要的經濟損失。但什麼是最優的貨幣政策操作呢？人們一直在探索中前進。為了保證貨幣的良好運行，全球眾多經濟學家與貨幣工作者做出了不懈的努力，全球中央銀行一直在不斷地嘗試與改進貨幣政策，這些已經為經濟發展做出了巨大貢獻，但顯然中央銀行的貨幣政策操作還沒有達到最優。

　　回顧全球各國中央銀行的尋錨之旅，以黃金為代表的商品數量來限制貨幣供應的黃金儲備，以穩定貨幣供應進而穩定物價為目標的貨幣儲備，純粹以穩定物價為目標的通貨膨脹目標制，都未能很好地穩定貨幣的運行。貨幣總量、利率、通貨膨脹是與貨幣政策緊密相關的三個最重要的指標，為何自始至終中央銀行都不採用利率錨定呢？這個問題經濟學家與貨幣工作者不是沒有考慮過，但普遍的觀點認為，中央銀行控制和制定不了合理的利率。錨是起穩定作用的，錨住一個變幻不定甚至虛無

Chapter 5 利率錨定
走出困境

縹緲的物體是不可能達到穩定作用的，正因為如此，貨幣儲備與通貨膨脹目標制都不能很好地發揮作用，儘管中央銀行曾經認為有能力穩定貨幣總量或穩定通貨膨脹。如果要採用利率錨定，就必須給定合理的穩定的利率目標，比如傅利曼給出的年增長 5% 的貨幣總量目標以及眾多中央銀行廣泛使用的物價指數年上升 2% 的通貨膨脹目標，儘管貨幣總量目標和通貨膨脹目標並非如想像的合理且最終都未能實現。利率受實體經濟諸多因素的影響，中央銀行認為無法給定合理的利率目標，因而不能採用利率錨定。

認為中央銀行控制不了利率的觀點源於混淆了貨幣政策利率與市場利率的概念。貨幣政策利率可視為無風險利率，而市場利率在無風險利率基礎之上增加了風險溢價，不同信用產品有不同的風險，因而有不同的風險溢價，風險溢價應由市場決定，不應由貨幣政策決定。分清了貨幣政策利率與市場利率，中央銀行控制貨幣政策利率的能力就毋庸置疑了。我們可以看到，全球各國有著迥異的貨幣政策利率，同一國家的不同歷史時期，貨幣政策利率同樣相差懸殊，甚至昨天還是 1% 的貨幣政策利率，一覺醒來就可能變成了 10%，這些都是中央銀行控制的結果。

認為中央銀行給定不了合理的利率目標，則是因為缺少了從

我們與億的距離
鈔票的真實價值，以貨幣儲備定錨

實體經濟運行角度對貨幣的理解。從實體經濟運行的角度看，貨幣是一種工具，無論是運載商品的船、輸送物資的管道，或者是寫字的筆、處理日常工作的手提電腦、喝水的杯子……貨幣和它們一樣，是一種供人們使用的工具。任何工具都有製造與使用成本，中央銀行對其保管的貨幣工具收取保管費，對其提供的貨幣工具收取製造與管理成本費，這是非常自然而合理的。

　　如果你把貨幣想像成運載商品的船，啟用利率錨定後，貨幣船按成本收費，中央銀行不再控制貨幣船隊的規模，也不再控制單位貨幣船運載的貨物量，而是保證需要承載的貨物在支付合理的貨幣船使用費後都能被順利承載。市場需要多少貨幣船，中央銀行就提供多少貨幣船。生產與管理貨幣船發生了多少成本，中央銀行就向貨幣船使用人收取多少成本。貨幣船的使用人在支付貨幣船使用費之後，就可以自由運載貨物，單位貨幣船運載多少貨物由貨幣船使用者決定，而不受中央銀行制約。這顯然是一種最能及時滿足需求的供給方式。

Chapter 5 利率錨定
順利出航

順利出航

　　貨幣儲備的實踐證明中央銀行沒有能力將貨幣總量限定在某一目標範圍內,並且中央銀行也沒有能力決定其應該限定在怎樣的目標範圍內,甚至限定在某一目標範圍不僅不能改善經濟的發展反而可能阻礙經濟的發展。那麼,究竟怎樣才是最合理的貨幣供給量呢?

　　如果人們需要乘船出行,什麼是讓人們最滿意的出行呢?那就是只要人們支付合理的船票價格,隨時可以乘船去往想去的地方。也就是說,市場上船的供給能很好地滿足船的需求。

　　同樣的道理,如果人們需要使用貨幣船運載貨物,什麼是讓人們最滿意的運載呢?那就是只要人們支付合理的船票價格——利息,隨時可以運載貨物抵達希望抵達的地方。也就是說,貨幣船的供給能很好地滿足貨幣船的需求。

　　想像一下,你的一批貨物正等待貨幣船來運載,你付得起合理的船票價格,也擔保得了將運載完後的貨幣船完整歸還,可偏偏沒有船肯啟航,或者有船卻漫天要價,要求了明顯不合理的過高的船票價格,這必然會阻礙貨物的運載,使生產經營無法正常進行。原本將這批貨物用貨幣船運載抵達對岸是最經濟

我們與億的距離
鈔票的真實價值，以貨幣儲備定錨

最高效的方法，然而，因為一時找不到貨幣船，為了完成這批貨物的運載，你不得不繞了很多崎嶇的山路，耽誤了貨物的準時送達，甚至導致了貨物的損失。

從上面的比喻我們可以清楚地看到，貨幣在經濟中所應該擔當起的角色，是作為一個高效的交易工具隨時滿足人們經濟生活中的合理需要，即貨幣供給應該滿足貨幣需求。無論黃金儲備、貨幣儲備還是通貨膨脹目標制都存在一個問題，中央銀行為了達到某一假想的目標，人為調整貨幣船的供給或者調整船票的價格，導致貨幣船的不公平與不合理供給。

黃金儲備的失敗，最根本的原因還是黃金資源的限制導致的貨幣供給滿足不了貨幣需求的問題。黃金儲備要求給每一艘貨幣船配備等量的黃金，當有限的自然資源限制了黃金的供給，使黃金不足以配備給每艘貨幣船時，貨幣船的供給就受到了限制，因而無法滿足貨幣船的需求。貨幣供給不能滿足貨幣需求是導致 1930 年代金本位國家的大蕭條與金本位制解體的重要原因。

貨幣儲備試圖控制貨幣船的數量，不得不通過直接限制貨幣船的供給或者通過調整船票即利息的價格來限制貨幣船的供給，這同樣使得貨幣船的需求無法得到最好的滿足。戰爭、災難、經濟危機等特殊環境下，貨幣的需求顯然是極其不穩定的，即

Chapter 5 利率錨定
順利出航

使在正常的經濟環境下,貨幣需求也是波動的,在開放經濟下,貨幣需求還受到其他國家外匯需求的影響。錨是用來起穩定作用的,所以,錨抓住的必須是較為穩定的東西,比如依靠重量和抓力抓住水底堅硬的岩石。然而,貨幣總量自身無法穩定,中央銀行使用貨幣儲備也就意味著抓住的不是一個穩定的東西,而是一個變幻不定的東西。因此,貨幣供給量的波動速度不應成為中央銀行貨幣政策的名義錨,貨幣供給量的波動只有適應了貨幣需求量的波動,貨幣才能正常發揮其職能。

通貨膨脹目標制試圖控制每艘貨幣船運載同等數量或重量的貨物,不得不通過直接控制貨幣船的供給或者通過調整船票即利息的價格來控制貨幣船的供給,同樣忽視了貨幣船的供給應適應貨幣船的需求。貨幣船是否參與運載、運載多少貨物由貨幣船的使用者決定,中央銀行根本無法控制。劇烈地調整船票的價格與以非公平的形式投放貨幣船隻會擾亂公平的市場競爭環境,造成貨物運送過程中低效、混亂的局面。

戰爭、災難等特殊環境下,大量貨物受到毀損,物價的上漲是必然的,即使在正常經濟狀況下,物價也會受到供求等影響發生波動,中央銀行沒有能力也不應將通貨膨脹限制在指定的範圍。物價水準的波動速度不應該成為中央銀行貨幣政策的名義錨,物價變動受產品成本的波動、價格圍繞價值波動等的影

我們與億的距離
鈔票的真實價值，以貨幣儲備定錨

響，儘管經濟效率與管理水準的提高有利於形成合理的物價水準，但中央銀行控制不了物價，為達到特定物價水準而進行的反覆無常的貨幣政策操作，只會干擾實體經濟的發展。

利率錨定既不限制貨幣船的數量也不限制貨幣船的運載量，中央銀行在收取合理的貨幣船使用費即利息後，按照市場需要公平供給貨幣，能保證貨幣供給最大限度地滿足貨幣需求。一切貨物在支付合理的貨幣船使用費後都能被順利運載，並且貨幣船使用費維持平穩不會發生異常波動，一切貨物都可以任意選擇合適的時間運載，而不用擔心因時間的差異而可能支付不合理的貨幣船使用費。由於利率錨定更好地保證了貨幣供給對貨幣需求的滿足，在正常經濟時期，也能有效服務於經濟的平穩高效運行，在經濟危機時期也能更好地保證經濟盡快恢復正常狀態。

利率錨定會不會導致貨幣的過量發行呢？當然不會，因為利率錨定環境下中央銀行提供無風險貨幣時會要求彌補貸款管理成本的正的貸款利率以及要求足額擔保，使得貨幣需求者不得不考慮自身需要承擔的貨幣使用成本，因而，只有在確有必要時才會取得貨幣，並且在具有提供足額擔保的能力時才能取得貨幣。2008年金融危機後眾多國家實施的資產購買行動卻違背了足額擔保的原則，在沒有100%擔保的情況下，中央銀行憑

Chapter 5 利率錨定
順利出航

空大量加印貨幣導致了貨幣的不當發行,使用加印的貨幣購買的風險資產一旦發生價格下行,這種虧損將無法彌補。

我們與億的距離
鈔票的真實價值，以貨幣儲備定錨

利率上限與下限

　　在以往的貨幣政策實施過程中遇到的很多無法解決的問題，在利率錨定提出後將會迎刃而解。在貨幣儲備與通貨膨脹目標制實施過程中，我們常常會看到貨幣政策利率的劇烈波動，中央銀行無疑可以控制貨幣政策利率。然而什麼是中央銀行升息的上限，什麼是中央銀行降息的下限，過去對這一問題並沒有很好地解決，因而利率的調整有很大的隨意性。

　　2008年的金融危機發生之後，眾多已開發國家實施了降息措施，使得通貨膨脹率下降到了低位。由於「通貨膨脹目標制」以低通貨膨脹為貨幣政策目標，根據「升息抗通貨膨脹」以及降息可以寬鬆貨幣刺激經濟發展的現行理論，低通貨膨脹環境提供了足夠的降息刺激經濟發展的空間，部分國家繼續降息試圖刺激經濟發展，部分國家試圖降息寬鬆貨幣提高通貨膨脹以走出通貨緊縮或避免過低的通貨膨脹水準，最終降到了負利率。不過，我們常常看到，利率急遽上升到難以想像的高度，而當出現略低於零的負利率之後，利率再也沒有發生急遽的下降。

　　要使自行持有現金與將現金交付保管機構保管不存在重大區別，倘若貨幣儲存者不承擔保管風險，就必須向貨幣保管者支

Chapter 5 利率錨定
利率上限與下限

付保管費用，因此，利率錨定環境下中央銀行吸收存款的利率應為負值。不過，如果中央銀行收取了過高的貨幣保管費，人們將會自行保管貨幣或尋求其他第三方機構進行保管，使中央銀行過低的負利率歸於無效。也就是說，降息會遭遇到一個下限，即實體經濟中真實的貨幣儲存管理成本率，中央銀行不能將利率無限地下降。所以，2008年金融危機發生後，儘管部分國家將利率降到了負利率，但繼續下降的空間受到了抑制。

儘管貨幣政策名義存款利率的下限不能嚴重違背實體經濟規律，否則會受到實體經濟的修正，但貨幣政策名義存款利率的上限卻得不到這種修正。當中央銀行無限地將利率提升時，沒有來自中央銀行以外的上限的抑制，現行貨幣理論又未能為中央銀行的升息提供合理的上限，中央銀行因此常常在升息中失去控制。比如20世紀70年代至80年代初的美聯儲、2014年的俄羅斯銀行等。本書在分析通貨膨脹目標制實施的失敗原因時曾提到，提高利率會提高產品生產所需的資金成本，因此，高名義利率會導致高通貨膨脹率，使得實際利率並不一定因為名義利率的提高而得到提高。違背實體經濟規律的利率調整只會造成實體經濟的混亂，導致經濟環境進一步惡化，卻未必能真正為儲存者帶來好處。利率錨定實施後，貨幣政策利率為中央銀行管理貨幣的成本費用率，有明確合理的計算依據，不再

我們與億的距離
鈔票的真實價值,以貨幣儲備定錨

發生劇烈的毫無依據的人為調整,利率的波動區間將大幅縮小。

Chapter 5 利率錨定
神奇的數字

神奇的數字

　　倘若要放棄通貨膨脹目標制而啟用利率錨定，那麼利率錨定啟用後的物價穩定狀況一定是所有人關心的問題。本書已多次提到，利率通過影響產品資金成本來影響物價，不考慮產品成本的其他構成因素，提高利率會提高物價，降低利率會降低物價，因此，利率的劇烈波動會造成物價的劇烈波動。從全球各國的歷史經濟數據可以看到利率與 CPI 非常顯著的同向波動特徵，無論是不同國家之間的對比還是同一國家不同時期的對比，均可以清晰地看到，利率大幅波動的國家較利率未發生大幅波動的國家其通貨膨脹水準的波動明顯要大得多；同樣，一個國家在利率大幅波動的時期較利率未發生大幅波動的時期其通貨膨脹水準的波動明顯要大得多。比如在美國 1970 至 80 年代的利率大幅調整期間、俄羅斯 2008 年與 2014 年的利率大幅調整期間均可看到通貨膨脹水準的大幅波動，而 1990 年代以後利率較為穩定的日本以及 2008 年金融危機後維持低利率的世界各國，通貨膨脹水準的波動明顯要小得多。利率錨定以貨幣管理成本率為依據確定利率，由於正常經濟環境下貨幣管理成本率的波動非常之小，因此，無論從理論還是從實踐都足以證明利

我們與億的距離
鈔票的真實價值，以貨幣儲備定錨

率錨定的實施是有利於穩定物價的。

在 2008 年金融危機實施的大降息之後，2009—2015 年的大部分時間裡，美國聯邦基金利率均維持了較為穩定的接近零的水準，未像以往一樣隨經濟週期、市場利率等的波動而實施大的利率調整。在穩定的零利率時期，工業生產指數持續上升，失業率持續下行。2010—2013 年為珍妮特·耶倫任美聯儲主席期間，她在《令人驚艷的十年》裡分析 1990 年代的宏觀經濟經驗與教訓時寫道：「1993—1994 年冬季，美國經濟持續強勁增長了兩年多的時間，失業率一度下降到了 6.5% 並還在繼續下降，儘管通貨膨脹率並沒有上升，美聯儲仍決定預先採取行動抑制通貨膨脹的苗頭，格林斯潘不得不盡力說服委員會，阻止聯邦基金利率的過度攀升。1996—1997 年間，考慮到通貨膨脹降低而非上升的事實，格林斯潘說服了他的委員會不要預先攻擊通貨膨脹，而是等看到通貨膨脹時再去行動。美聯儲理事勞倫斯·邁耶建議美聯儲應當等待，直到看到通貨膨脹上升的清晰證據後再行動。預先攻擊通貨膨脹依賴於並不完美的通貨膨脹預測能力，出現重大政策失誤的風險很大，但勞倫斯·邁耶認為，如果美聯儲最終採取的行動滯後於通貨膨脹的表現，就應當大幅提高利率。1996—1998 年的大部分時間，美聯儲和多數預測者一樣，對總需求如此強勁以及失業率的下降感到震驚。

Chapter 5 利率錨定
神奇的數字

與那些資深經濟學家所形成的共識一樣,美聯儲工作人員預測經濟增長放緩就在眼前,但經濟增長放緩從未變成現實。」中央銀行顯然不可能準確預測未來實體經濟的發展與市場環境的變化,即使中央銀行通過貨幣政策滯後影響通貨膨脹的「升息抗通貨膨脹」理論真的成立,連對近期通貨膨脹水準都難以做出預測,卻期望採用領先或滯後的利率調整去影響未來一兩年的通貨膨脹水準,並且還不能確定貨幣政策對通貨膨脹的影響到底是滯後一年還是兩年,這樣的政策顯然是毫無依據的。從歷史經濟數據我們可以清晰地看到「升息抗通貨膨脹」環境下的經濟與就業危機,以及穩定的利率環境下良好的經濟增長與就業。1990年代是自1960年代以來利率最平穩的十年,儘管也有幾次略大的調整,但有近一半的時間利率波動在6%左右,而這十年同樣處於長期的經濟上升與失業率下行中。或許耶倫在任職期間維持了穩定的近乎零的低利率,部分是由於這十年的經驗對耶倫的影響,因此,耶倫並未對通貨膨脹的波動採取「升息抗通貨膨脹」的行動。在平穩的利率環境下,通貨膨脹完成了自身的週期波動,在上升之後自然而然地轉向回落,而不需要「升息抗通貨膨脹」去做出調整,通貨膨脹的波動卻較以往採取大幅「升息抗通貨膨脹」行動的任何一次都要小得多。不過,耶倫依然認為中央銀行應以抑制通貨膨脹率為目標,但

我們與億的距離
鈔票的真實價值，以貨幣儲備定錨

在她任期的大部分時間裡，通貨膨脹水準是低於目標而不是高於目標的，因此，在這段時期，中央銀行不僅沒有「升息抗通貨膨脹」，相反，為提供寬鬆的貨幣環境，除了維持低利率還實施了較大規模的資產購買行動。

儘管不同時期與不同國家的通貨膨脹目標略有差異，但當前實施通貨膨脹目標制的全球各國中央銀行較為廣泛使用的是年2%左右的通貨膨脹率目標，這一神奇的數字又有著怎樣奇妙的原因呢？對於實施2%通貨膨脹目標的全球各國而言，2%是個重要的經驗數據，為何是2%而不是穩定的零增長的物價或者其他奇怪的數字，各國中央銀行並未做出合理的解釋。自20世紀90年代通貨膨脹目標制在部分已開發國家率先實施以來，2%是在通貨膨脹目標的反覆實踐與調整後被廣泛採用的公認為較為理想的目標。

以美國為例，2008年金融危機的大降息之後，美國的通貨膨脹水準下降了一個臺階，CPI同比增速連續幾個月維持在了2%以下。美聯儲對2%通貨膨脹水準的到來給予了足夠的重視，其在2009年2月提交國會的貨幣政策報告中這樣寫道：「在2009年1月聯邦公開市場委員會會議上，聯邦儲備系統理事會成員和聯邦儲備銀行行長都參加了聯邦公開市場委員會會議，為經濟增長、失業和通貨膨脹提供了預測。據預測，2010年和

Chapter 5 利率錨定
神奇的數字

2011 年通貨膨脹率將保持在低位。……與會者還報告了他們對宏觀經濟變量在適當貨幣政策和經濟沒有進一步衝擊的情況下在較長時期內趨於一致的比率的評估。這些長期預測的主要趨勢是，實際國內生產總值增長率為 2.5% 至 2.7%，失業率為 4.8% 至 5.0%，通貨膨脹率為 1.7% 至 2.0%。」從 2009 年開始，通貨膨脹率為 2% 左右的預測維持了較長時間，2010 年美聯儲對通貨膨脹率的預測範圍仍為 1.7% 至 2.0%，2011 年 2 月提交國會的貨幣政策報告預測通貨膨脹率的長期範圍為 1.6% 至 2.0%，2012 年 7 月貨幣政策報告繼續使用 1.7% 至 2.0% 的通貨膨脹率預測範圍。不過，在 2012 年 7 月提交國會的貨幣政策報告中，加入了一句至關重要的話，這句緊接在通貨膨脹率預測範圍之後的話是：

「因為長期通貨膨脹主要是由貨幣政策決定的，所以對通貨膨脹的長期預測可以被看作是 FOMC 參與者認為最符合委員會促進最大就業和價格穩定的任務的通貨膨脹水準。」美聯儲的這句話明確地將 2% 左右的通貨膨脹目標視為了貨幣政策的主要目標，並將之視為實現其他貨幣政策目標的主要手段。

儘管從 2009 年開始，美聯儲在較長的時間內預測了通貨膨脹率為 1.7% 至 2.0% 的目標範圍，但對實際通貨膨脹率的準確預測或者準確實現預測的通貨膨脹目標範圍並不容易，實際的

我們與億的距離
鈔票的真實價值，以貨幣儲備定錨

通貨膨脹率並沒有落在預測區間之內，常常高於區間上限或低於區間下限，但大致圍繞 2% 上下波動的特徵明顯。2012 年 2 月的貨幣政策報告去掉了通貨膨脹率目標範圍的區間上限與下限，將中心趨勢定為 2%，該報告的表述是：「考慮到 1 月會議通過的長期目標和政策戰略聲明中所包含的 2% 的通貨膨脹目標，與會者對長期通貨膨脹預期的區間和集中趨勢均為 2%。」中心趨勢 2% 在實現起來則要容易得多，或者說在正常經濟狀況下甚至不用刻意實現，因為 1990 年代以來，這一中心趨勢基本在 2% 左右，與 2% 的差距並不大，2008 年前略高於 2%，2008 年的大降息後略低於 2%，2009—2015 年美國聯邦基金利率穩定在近乎零的水準不變，CPI 同比增速圍繞略低於 2% 的中心水準波動。

通貨膨脹率趨向於 2% 的實現進一步加強了美聯儲對於貨幣政策的信心。2013 年 2 月的貨幣政策報告進一步明確表示：「長期的通貨膨脹率主要由貨幣政策決定，因此委員會有能力為通貨膨脹規定一個較長期的目標。委員會認為，以個人消費支出價格指數的年度變化來衡量的 2% 的通貨膨脹率在長期內最符合美聯儲的法定任務。向公眾明確宣傳這一通貨膨脹目標有助於維持長期通貨膨脹預期，從而促進價格穩定和溫和的長期利率，並增強委員會在面臨重大經濟動盪時促進最大就業的

Chapter 5 利率錨定
神奇的數字

能力。」從 2013 年開始，這一表述一直在美聯儲的貨幣政策報告中得到沿用。

正因為美聯儲意識到了 2% 的穩定的通貨膨脹目標無法準確達成，因而對通貨膨脹率的波動給予了較高的容忍度，沒有歐洲中央銀行與日本銀行在追求 2% 通貨膨脹目標過程中的執著。2008 年的金融危機之後，美國貨幣政策利率最低也只降至零利率而非負利率，並且，由於美國的通貨膨脹水準高於歐洲與日本的通貨膨脹水準，隨著量化寬鬆政策的退出，不再實施降息與資產購買來提高通貨膨脹水準，相反，在 2015 年重啓了升息措施。不過，美聯儲並非不重視 2% 的通貨膨脹目標，2015 年開始重啓的升息，部分是美聯儲為實現通貨膨脹目標所做的「升息抗通貨膨脹」的努力。

為什麼是 2%，而不是別的數值？這一點，筆者在 2017 年出版的《負利率時代：別讓銀行偷走你的錢》一書中進行了詳細闡述。由於儲存物品會發生費用與損失，要使持有貨幣與持有貨物之間不存在重大差異，則實物的名義價格需要上升以彌補實物相對貨幣較高的儲存成本。此外，由於市場價格通常圍繞自然價格上下波動，通貨膨脹率的變化並不始終保證儲存成本率可以從實際利率得到彌補，而是在能彌補儲存成本率的範圍內上下波動。因此，假如名義利率近似零，通貨膨脹率則近

我們與億的距離
鈔票的真實價值，以貨幣儲備定錨

似實物的儲存成本率。由於實體經濟中存貨的平均儲存成本率在 2% 左右，因此，在穩定的近乎零的貨幣政策利率實施時期，通貨膨脹率會大致圍繞 2% 上下波動。當然，2% 是個大致數值，儘管正常經濟環境下波動不會太大，但儲存成本率也會隨著經濟環境的不同、儲存管理技術的不同、儲存品種的不同等而發生變化。利率錨定啟用後，穩定的利率環境有利於通貨膨脹的穩定，正常經濟狀況下，通貨膨脹率會在使實際利率大約彌補儲存成本率的範圍內上下波動，雖然會隨實體經濟週期發生一定的波動，但在正常經濟環境下不會出現如貨幣儲備與通貨膨脹目標制實施期間因人為大幅調整利率而導致的通貨膨脹率的劇烈波動。

本書在分析通貨膨脹目標制時提到，通貨膨脹目標制試圖控制每艘貨幣船運載的一大堆商品的數量以穩定的速度變化，通常要求以穩定的低速度下降。想像一下，一艘貨幣船承載著商品行駛在海面上，為了保護這些商品，我們需要人員看管，需要遮風擋雨，即便如此，商品還是有可能發生腐爛、變質、毀損等而減值，所以，單位貨幣船承載的商品通常會越來越少，或者說這些商品的單價通常會越來越高。商品的儲存成本率由實體經濟決定，並非由中央銀行決定，不考慮戰爭、自然災害、不當管理等導致商品發生重大毀損的其他因素，只要中央銀行

Chapter 5 利率錨定
神奇的數字

沒有採取不當的貨幣政策操作導致這些商品發生大規模滅失，就不會導致儲存成本率的大幅度提升，每艘貨幣船承載的商品數量就是以穩定的低速度下降的，即物價是以穩定的低速度上升的。顯然，這個速度具體是多少，是由實體經濟來決定的，中央銀行並沒有能力控制，而中央銀行不當的控制行為反而會導致通貨膨脹率的異常波動。

我們與億的距離
鈔票的真實價值，以貨幣儲備定錨

終極幻想
◇◇◇◇◇◇◇◇◇

　　尋錨之旅進入尾聲，貨幣平穩運行後的世界是怎樣的呢？天堂般美好的境界是所有善良人內心的願望，正如我們對愛情的幻想、對烏托邦的幻想一樣。一個沒有戰爭、沒有災難、沒有病痛、沒有饑餓與貧寒的世界，誰不幻想呢？然而，我們還是不得不面對現實的無情，最終我們會發現，完善的制度和法律更能保證這個世界良好的運行。

　　我們也曾幻想貨幣能實現我們的美好願望，對於貨幣究竟應該擔當起怎樣的重任，人們始終沒有找到完善的分析邏輯，因而曾經賦予了它太多太不現實的職責。物價穩定、經濟增長、充分就業、國際收支平衡，這難道不是滿足了人類對最理想的經濟社會的一切幻想嗎？為滿足這樣的幻想，中央銀行大幅調整著貨幣政策操作，希望貨幣去實現這一切。

　　只要貨幣平穩運行了，人們就能安居樂業了，國家就能興旺發達了嗎？當然不是。貨幣只是整個經濟機器中的一個重要零件，貨幣只能履行好自身的職責，保證自己不出故障，不擾亂經濟發展與人們的生活，而對於其他部門應該履行的職責，貨幣也無能為力。當然，經濟機器任意一個重要零件的故障都會

Chapter 5 利率錨定
終極幻想

導致這臺機器無法正常運行，因此，貨幣自身的平穩運行對整個經濟的平穩健康發展非常重要。如果沒有其他導致經濟出現混亂的因素，貨幣只要履行好了自身的職能，經濟就能平穩健康發展。

實體經濟的發展不是中央銀行加印貨幣可以解決的，經濟增長、物價穩定、充分就業、國際收支平衡最終要依靠實體經濟的正常發展，但是貨幣公平高效地發揮其職能是實體經濟正常發展的重要保證。中央銀行印刷再多的貨幣也無法讓糧食增產、讓工業生產技術提高或是讓文化教育水準提高，混亂的貨幣環境反而會阻礙經濟的發展、人為形成不公平的財富再分配，導致資源配置無法達到最優、正常的生產經營無法順利進行。

貨幣船的良好運行就是，當我們有貨物需要運輸時，只要支付合理的船費，我們的貨物就能搭載貨幣船去往想去的任何地點，即貨幣供給滿足貨幣需求。在保證貨幣船能完整歸還的時候，合理的船費是貨幣船正常的運行成本，這些成本包括使用貨幣船應分擔的製作、保管、運輸、保證歸還等所有與貨幣船運行相關的成本。如果不能保證貨幣船用完以後的完整歸還，有沉船、船隻破損等風險，那麼合理的船費還應該包括這些風險損失。此外，如果我們手裡的貨幣船需要提交保管，只要支付合理的保管費就隨時可以得到安全的保管。利率錨定正是在

我們與億的距離
鈔票的真實價值，以貨幣儲備定錨

這樣的原則下設計的，目的是以公平、合理、穩定的貨幣船費即利率平穩高效地供給貨幣，最大限度滿足實體經濟的貨幣需求，避免貨幣政策的劇烈波動，保證實體經濟的持續穩定發展。

Chapter 5 利率錨定
終極幻想

國家圖書館出版品預行編目（CIP）資料

我們與億的距離：鈔票的真實價值，以貨幣儲備定錨 / 劉華峰著. -- 第一版 . -- 臺北市：崧博出版：崧燁文化發行, 2020.07
面； 公分
POD 版

ISBN 978-957-735-986-5(平裝)

1. 貨幣政策

561.18　　　　　　　　　　　　　　　　　109009834

書　　　名：我們與億的距離：鈔票的真實價值，以貨幣儲備定錨
作　　　者：劉華峰 著
責 任 編 輯：林非墨
發　行　人：黃振庭
出　版　者：崧博出版事業有限公司
發　行　者：崧燁文化事業有限公司
E - m a i l：sonbookservice@gmail.com
粉 絲 頁：　　　　　網　址：
地　　　址：台北市中正區重慶南路一段六十一號八樓 815 室
8F.-815, No.61, Sec. 1, Chongqing S. Rd., Zhongzheng Dist., Taipei City 100, Taiwan (R.O.C.)
電　　　話：(02)2370-3310　傳　真：(02) 2388-1990
總　經　銷：紅螞蟻圖書有限公司
地　　　址：台北市內湖區舊宗路二段 121 巷 19 號
電　　　話:02-2795-3656　傳真:02-2795-4100　網址：
印　　　刷：京峯彩色印刷有限公司（京峰數位）

本書版權為西南財經大學出版社所有授權崧博出版事業有限公司獨家發行電子書及繁體書繁體字版。若有其他相關權利及授權需求請與本公司聯繫。

定　　　價：320 元
發 行 日 期：2020 年 07 月第一版
◎ 本書以 POD 印製發行